기독교문서선교회(Christian Literature Center: 약칭 CLC)는 1941년 영국 콜체스터에서 켄 아담스에 의해 시작되었으며 국제 본부는 미국 필라델피아에 있습니다.
국제 CLC는 59개 나라에서 180개의 본부를 두고, 약 650여 명의 선교사들이 이동 도서차량 40대를 이용하여 문서 보급에 힘쓰고 있으며 이메일 주문을 통해 130여 국으로 책을 공급하고 있습니다. 한국 CLC는 청교도적 복음주의 신학과 신앙 서적을 출판하는 문서선교기관으로서, 한 영혼이라도 구원되길 소망하면서 주님이 오시는 그날까지 최선을 다할 것입니다.

추천사

정 장 복 박사
장로회신학대학교 명예교수, 한일장신대학교 명예총장

　천주교는 1784년 이승훈이 북경에서 세례를 받고 돌아와 이벽, 정약전 등과 함께 신앙 공동체를 만들면서 태동하게 되었다. 이들은 교리를 다루는 새로운 학문에 심취되었고, 주님의 날이면 성체성사(聖體聖事)라는 제의적(祭儀) 예식을 통하여 예배를 드리면서 심오한 진리에 깊이 젖어 들었다. 그러나 그들의 손에는 우리말 성경이 없었고 예배 안에는 설교가 없었다. 그러함에도 불구하고 그들에게는 하나님을 섬기는 뿌리 깊은 신앙이 자리를 잡았고, 신유박해 때는 300명이 넘은 순교자를 배출했다.
　이 가슴 아픈 박해의 역사를 읽을 때마다 100년 후에 이 땅에 우리 말 성경을 들고 들어와 설교를 할 수 있었던 개신교를 생각해 본다. 우리의 교회가 성경을 읽고 설교를 매 주일 들으면서 그리스도인의 삶을 누릴 수 있었다는 것이 얼마나 큰 감사의 항목인지 모른다. 천주교가 성찬성례전만을 예배의 전부로 알고 있을 때, 우리의 개신교는 말씀으로 예배 때마다 먹이고 무장을 시켜온 나라에 복음의 씨앗을 뿌렸다. 그 결과 대한민국은 개신교의 천국이 되기에 이르렀다.
　이러한 한국교회의 역사를 되새길 때마다 성언운반일념(聖言運搬一念)을 평생의 사명으로 알고 말씀으로 교회를 일으킨 설교 사역의 거장들을 찾아보고 싶어 하는 것은 너무나 당연한 일이다. 그들의 유전자를 이어받아 설교자로 나선 오늘 말씀의 종들에게는 필수적인 일임이 틀림없다. 한국교회를 오늘에 이르게 하는 큰 도구들로 쓰임 받은 그들의 생애, 사역, 설교의 특징들을 보면서 본받아야 할 부분들을 탐색하는 것은 당연지사이다.
　그러나 그동안 많은 한국교회 설교자는 우리의 문화권에서 우리의 언어표현을 통하여 전달한 설교 사역자들에 대한 관심은 매우 소홀히 했다. 그리고 오직 외국의 문화와 언어 속에서 사역한 큰 교회 목사들의 설교를 더 소중하게 여기는 오류를 범하기도 했다.

  본서의 저자는 이러한 오류를 바로잡고 싶은 심정으로 한국교회 설교 역사의 거장들을 찾아 나서고 있다. 그들의 설교 세계를 찾아 오늘의 설교자들이 성찰하고 계승해야 할 소중한 항목들을 정리했다. 특별히 그들의 설교 생애를 통하여 보여 준 성언운반일념의 깊은 신앙과 정신을 파헤치면서 그들의 고유한 특성들을 정리하고 있다.

  저자는 추천자의 우수한 문하생 중의 한 사람이다. 그를 대할 때마다 그가 보여 준 향학열은 남다른 면이 많았다. 어떤 역경도 극복하면서 매진하는 도전의 열정은 대단했다고 기억한다. 지금도 그는 목회자와 학자로서의 이정표를 세우고 사는 매우 훌륭한 모습을 보이고 있다. 이 한 권의 책을 펴내기 위하여 그가 쏟은 열정은 대단한 수준이었음을 실감한다.

  아쉬운 점이 있다면 이미 널리 알려진 설교자들에 국한하지 않고 이름 없이 감명 깊은 설교를 남긴 설교자들을 발굴하는 작업이 미흡했다는 점이다. 그리고 열거한 설교자들이 가지고 있는 취약한 부분들이 어떤 것인지를 설교학적인 측면에서 분석을 좀 더 깊이 했었으면 하는 아쉬움이 있다. 그뿐만 아니라 오늘의 설교자들이 본받아야 항목들을 종합적으로 정리했으면 좋았을 것이라는 생각을 해 본다.

  이 추천자는 본서를 읽으면서 대단한 긍지와 고마움의 마음을 품어본다. 그것은 설교 사역을 으뜸가는 사명으로 알고 교회를 섬기는 독자들에게 매우 유익한 결실이 있으리라고 확신하기 때문이다. 하나님께서 본서를 손에 들고 읽게 되는 독자들에게 올바른 설교자의 정체성과 사명감, 그리고 DNA를 심어 주시기를 기도한다.

이상규 박사
백석대학교 역사신학 석좌교수, 고신대학교 명예교수

조성현 박사의 『인물로 보는 한국교회 설교』의 출판을 축하하고 환영한다. 설교란 기독교회와 교회적 삶에서 가장 중요한 구령사역이라는 점에서 한 시대의 교회 설교가 어떠했던가 하는 점은 우리 모두의 관심사라고 할 수 있다.

스코틀랜드의 위대한 신학자로서 우리에게 익숙한 『영혼의 기도』라는 책의 저자이기도 한 피터 테일러 포사이드(Peter Taylor Forsyth, 1848-1921)는 "나는 감히 말한다. 설교란 기독교회가 사느냐 혹은 죽느냐의 문제"(Christianity stands and falls)라고 말하면서, 설교야말로 "기독교회의 가장 독특한 제도"(Preaching, the most distinctive institution of Christianity)라고 말한 일이 있다. 이는 벌써 100년이 훌쩍 지난 가르침이었지만 후대의 신학자들이나 교회 지도자들 혹은 설교학자들의 인정을 받아왔다.

포사이드의 말은 한국교회 현실에서도 동일한 의미를 지닌다. 이렇게 볼 때 한국교회 지도자들의 설교가 어떠했던가를 점검하는 일은 흥미로운 주제일 뿐만 아니라 의미 있는 작업이라고 생각한다.

조성현 박사는 한국과 미국에서 설교학을 깊이 연구하신 설교학자로서 초기 선교사들의 설교에 대해 분석한 후 한국교회의 지도적 설교자 열세 분의 설교에 관해 분석하고 있습니다. 본서는 몇 가지 점에서 의미 있는 작업이라고 생각한다.

첫째, 목회자들의 설교를 어떻게 평가할 것인가 하는 점은 주관적인 측면이 있기 때문에 견해를 달리 할 수 있으나, 본서의 저자는 비교적 객관적인 기준을 가지고 열세 분의 설교를 분석하고 있다는 점이다. 설교를 평가하는 기준이 동일하지 않으면 공정한 평가를 할 수 없고 칭찬 위주의 일방적 평가에 머물게 된다. 그러나 저자는 본서에서 자신의 설교학적 기초 위에서 개선되어야 할 점 혹은 보완되어야 할 점에 대해서도 의견을 제시하고 있어 건설적 측면을 지닌다고 할 수 있다.

둘째, 이런 류의 선행연구가 없지 않았지만 본서에서는 현존하는 설교자들에 대해서도 소개하고 평가하고 있다는 점이다. 작고한 인물이 아니라 현재 활동하는 인물에 대한 기술은 조심스럽게 접근할 수밖에 없는데, 주관에 빠지지 않기 위해 여러 자료를 섭렵하고 신중하게 평가하려는 노력이 돋보인다.

셋째, 저자는 설교자의 설교를 소개하기 전에 생애와 교육, 목회, 사회적 환경 등에 대해 소개하고 있어 이 글은 한국교회 설교사이기도 하지만 설교로 읽는 한국교회사라고 할 수 있다. 설교학자인 다간(C. E. Dargan)의 말처럼 설교의 역사는 바로 교회의 역사이다. 설교란 하나님의 말씀에 대한 그 시대의 반응이자 응답이기 때문에 본서를 통해 한국교회의 역사를 읽을 수 있을 것이다.

넷째, 본서에서 다루고 있는 열세 분의 목회자는 장로교와 감리교, 오순절계 등 교파를 초월한 인물들로 다루고 있고, 1910년대의 길선주 목사에서부터 우리 시대의 이동원 목사의 설교까지 교파적 시대적 배경을 달리하는 인물들을 취급하고 있으나 비교적 복음주의적 인물들을 소개하고 있다는 점에서 한국 복음주의계의 성경 이해, 성경 해석, 신학을 알 수 있는 책이라고 생각된다.

이런 귀한 책을 집필하신 저자의 노고에 대해 격려를 보내며, 본서를 통해 한국교회의 설교와 신학, 한국교회사를 새롭게 인식하게 되기를 기대하며 본서가 널리 읽혀지고 사랑받는 책이 되기를 기대한다.

인물로 보는 한국교회 설교

Korean Preaching and Preachers
Written by Sunghyun Cho
All rights reserved.
Korean Edition Copyright ⓒ 2020 by Christian Literature Center, Seoul, Korea

인물로 보는 한국교회 설교

2020년 10월 23일 초판 발행

지 은 이 | 조성현

편   집 | 곽진수
디 자 인 | 서보원
펴 낸 곳 | (사)기독교문서선교회
등   록 | 제16-25호(1980.1.18.)
주   소 | 서울특별시 서초구 방배로 68
전   화 | 02-586-8761~3(본사) 031-942-8761(영업부)
팩   스 | 02-523-0131(본사) 031-942-8763(영업부)
이 메 일 | clckor@gmail.com
홈페이지 | www.clcbook.com
송금계좌 | 기업은행 073-000308-04-020 (사)기독교문서선교회

ISBN 978-89-341-2208-1 (93230)

이 도서의 국립중앙도서관 출판예정도서목록(CIP)은 서지정보유통지원시스템 홈페이지(http://seo-ji.nl.go.kr)와 국가자료공동목록시스템(http://www.nl.go.kr/kolisnet)에서 이용하실 수 있습니다. (CIP제어번호: 2020040068)

이 책의 저작권은 저자와 (사)기독교문서선교회가 소유합니다. 신저작권법에 의하여 한국 내에서 보호받는 저작물이므로 무단 전재와 무단 복제를 금합니다.

Korean Preaching and Preachers

인물로 보는
한국교회 설교

조성현 지음

CLC

목차

추천사   1
   정 장 복 박사 | 장로회신학대학교 명예교수, 한일장신대학교 명예총장
   이 상 규 박사 | 백석대학교 역사신학 석좌교수, 고신대학교 명예교수

저자 서문   12

제1장 초기 선교사들의 설교 세계: 청교도적 열정이 있는 삼대지 주제설교   17
   1. 들어가는 말   18
   2. 선교사들의 입국과 사역   19
   3. 선교사들의 설교 특징들   24
   4. 선교사들의 설교에 대한 분석   30
   5. 나가는 말   35

제2장 길선주 목사의 설교 세계: 이론과 실제를 겸비한 설교   36
   1. 들어가는 말   37
   2. 시대적 배경과 길선주의 생애   37
   3. 길선주의 설교 특징들   39
   4. 길선주 설교에 대한 분석   45
   5. 나가는 말   48

제3장 김익두 목사의 설교 세계: 영성적 목양설교   49
   1. 들어가는 말   50
   2. 김익두의 생애와 사역   50
   3. 김익두의 설교 특징들   53
   4. 김익두 설교에 대한 분석   58
   5. 나가는 말   63

제4장 김화식 목사의 설교 세계: 상상력이 있는 성경적 설교　　65

1. 들어가는 말　　66
2. 김화식의 생애와 사역　　66
3. 김화식의 설교 특징들　　68
4. 나가는 말　　75

제5장 이용도 목사의 설교 세계: 그리스도 신비주의 설교　　77

1. 들어가는 말　　78
2. 이용도의 생애와 사역　　78
3. 이용도의 설교 특징들　　81
4. 나가는 말　　87

제6장 주기철 목사의 설교 세계: 일사각오의 제자도를 강조한 설교　　89

1. 들어가는 말　　90
2. 주기철의 생애와 사역　　90
3. 주기철의 설교 특징들　　92
4. 나가는 말　　101

제7장 손양원 목사의 설교 세계: 사랑의 삶을 통한 신행일치 설교　　102

1. 들어가는 말　　103
2. 순교자 손양원의 생애와 사역　　103
3. 손양원의 설교 특징들　　106
4. 나가는 말　　114

제8장 이성봉 목사의 설교 세계: "말로 못하면 죽음으로"의 부흥설교   **116**

  1. 들어가는 말   117
  2. 이성봉의 생애와 사역   117
  3. 이성봉의 설교 특징들   119
  4. 이성봉 설교에 대한 분석   125
  5. 나가는 말   129

제9장 한경직 목사의 설교 세계: 로고스, 파토스, 에토스의 삼 요소가 있는 설교   **131**

  1. 들어가는 말   132
  2. 한경직의 생애와 사역   132
  3. 한경직의 신학사상   134
  4. 한경직의 설교 특징들   138
  5. 나가는 말   155

제10장 조용기 목사의 설교 세계: 성령이 이끄시는 설교   **157**

  1. 들어가는 말   158
  2. 조용기의 생애와 사역   158
  3. 조용기의 설교 특징들   161
  4. 나가는 말   172

제11장 옥한흠 목사의 설교 세계: 개인구원과 사회구원의 균형이 있는 설교   **173**

  1. 들어가는 말   174
  2. 옥한흠의 생애와 사역   174
  3. 옥한흠의 설교 특징들   176
  4. 나가는 말   184

제12장 하용조 목사의 설교 세계: 생명을 건, 성육화 된 설교   **185**

  1. 들어가는 말   186
  2. 하용조의 생애와 사역   186
  3. 하용조의 설교 특징들   189
  4. 나가는 말   195

제13장 곽선희 목사의 설교 세계: 현대인에게 들리는 복음적 설교   **197**
  1. 들어가는 말   198
  2. 곽선희 생애와 사역   198
  3. 곽선희의 설교 특징들   200
  4. 나가는 말   208

제14장 이동원 목사의 설교 세계: 본문에 충실한 강해설교   **209**
  1. 들어가는 말   210
  2. 이동원의 생애와 사역   210
  3. 이동원의 설교 특징들   212
  4. 나가는 말   219

참고 문헌   **220**

저자 서문

'제3차 세계대전'이라고 불리는 코로나19 팬데믹(pandemic) 현상은 B.C.(Before Conora)와 A.C.(After Conora) 시대로 구분할 정도로 인류 역사에 대단한 파장을 일으켰다. 큰 전쟁이 일어난 것도 아닌데 지구상의 백만 명 전후가 이 전염병으로 인해 사망을 당한 것을 보면 인공지능(AI) 시대에 가공할 만한 파괴력이라 볼 수 있다. 코로나19로 인해 정치, 경제, 사회, 문화, 예술 등 모든 영역에서 큰 위기 상황 속으로 빠져 들어가고 있다.

한국교회의 설교 영역에서도 예외는 아니다. 온라인 예배가 실시되자 '유튜브 신 유목생활' 혹은 '유튜브 수평이동'이 현실화되면서 회중은 더 감동이 있는 좋은 설교를 찾아 유랑(流浪)을 하고 있다. 이에 예전보다 설교의 중요성이 더 부각이 되고 있다.

일찍이 다간(Edwin C. Dargan, 1852-1930)은 『설교의 역사』(*A History of Preaching*)에서 "교회의 역사는 설교의 역사"[1]라고 했다. 왜냐하면, 설교를 자세히 연구하면 그 당시 교회의 사건이나 사상과 신앙의 이슈를 정확하게 간파할 수 있기 때문이다. 한국교회 선교 초기부터 위대한 설교자들이 한국교회를 이끌어 왔기에 중요한 설교자들의 설교를 탐

---

[1] Edwin C. Dargan, *A History of Preaching* Vol. I (Grand Rapids, MI: Baker Book House, 1974), 12.

구하는 것은 의미 있는 일이다. 본서는 한국교회 초기 선교사의 설교부터 현대에 이르기까지 한국 사회와 교회에 큰 영향을 끼친 주요 설교자들의 설교 특징을 분석하고 한국교회에 적용하려는 목적이 있다.

한국교회의 역사적인 사건들과 설교학적인 특징들을 기초로 한국교회 설교의 역사를 다음 단계로 구분해 본다.

첫째, 초기 선교사들의 설교(1885-1910)로 언더우드 아펜셀러 선교사의 입국(1885)을 시작으로 선교사들의 보수적이고 열정적인 전도 지향적 설교와 청교도적인 설교의 시기이다. 천당과 지옥으로 양분하는 이원론적인 설교가 주를 이루었으며 설교의 형태는 주로 예화를 중심으로 구성하는 '삼대지 주제설교'가 주를 이루었다.[2]

둘째, 한국인 설교자들의 시대(1910-1945)로 일제강점기 속에서 복음 증거와 민족계몽을 중심으로 위로와 소망을 주는 종말론적인 설교, 허무주의 설교, 신비주의적 설교, 신사참배에 대해 저항하는 설교가 중요한 축을 이루었다. 이 시기에도 초기 선교사들이 전수해 준 삼대지 주제설교가 중요한 설교 형태였다. 길선주, 김익두, 이용도, 김화식, 주기철, 손양원, 이성봉 설교자 등이 있다.[3]

---

2   Unyong Kim, "Faith Comes From Hearing: A Critical Evaluation of the Homiletical Paradigm Shift through the Homilectical Theories of Fred B. Craddock, Eugene L. Lowry, and Daivd Buttrick, and its Application to the Korean Church" (Ph.D. diss., Union Theological Seminary and Presbyterian School of Christian Education, 1999), 19-22. 이후로는 "Faith Comes From Hearing"으로 한다.

3   Unyong Kim, "Faith Comes From Hearing," 23-31.

셋째, 해방 이후의 설교(1945-1960)로서 한국전쟁과 더불어 분단의 아픔과 교단의 분열을 경험하면서 회개 운동과 국가관에 관한 설교가 주를 이루었다. 한경직, 박형룡, 이명직 설교자 등이 있다.[4]

넷째, 근대화와 교회성장기의 설교(1960-1990)로서 급속한 산업화와, 혁명과 쿠데타와 신군부의 등장 같은 정치적인 투쟁 속에서 교회성장이 가속화되었다. 이 시기에는 교회성장형 전도설교와 축복형 위로설교가 각광을 받았다. 축복, 위로, 전도, 부흥, 기도, 성령 충만 등이 중요한 주제였다. 반면 주제설교의 한계를 넘어서는 강해설교가 서서히 약진했다. 조용기, 하용조, 김선도 설교자 등이 대표적이다.

다섯째, 1990년대 이후 교회성장이 둔화되면서 양(量)보다는 질(質)에 초점을 맞춘 '삶으로서의 설교'와 '제자도에 관한 설교,' 그리고 여전히 강해설교가 힘 있게 발전했으며, 성서정과 설교 등이 서서히 정확하게 소개되었다. 대표적인 설교자로는 옥한흠, 이동원, 곽선희 등이다. 한국교회 설교자들은 열악한 환경 가운데서도 각 시대마다 민족의 지도자로서 대한민국 백성을 계몽하고 민족애를 심어 주었다. 또한, 영적인 지도자로서 한국교회의 방향을 선도하고 미래의 청사진을 펼쳐 보인 영적인 선각자임에는 틀림없다.

한 가지 양해를 구하고 싶은 부분이 있다. 본서는 현재 생존해 계신 설교자들까지 연구를 하면서 설교의 긍정적인 면을 주로 언급했지만 설교학적으로 아쉬운 점들도 최대한 객관적으로 평가했다. 이에 생존

---

[4] Unyong Kim, "Faith Comes From Hearing," 32-33.

설교자들에게 깊은 양해를 구한다.

필자의 네 번째 책을 저술하면서 마음속에 깊이 감사드리고 싶은 분들이 있다. 지금까지 필자가 학문의 상아탑을 잘 쌓을 수 있도록 밑그림을 잘 그려 주시고, 제자를 사랑하는 마음으로 기꺼이 귀한 추천사를 써 주신 정장복 교수님께 머리 숙여 깊이 감사를 드린다. 또한, 한국교회사의 권위자이신 이상규 교수님께서 한국교회사에 대한 정보도 아낌없이 주시고 쾌히 귀한 추천사를 써 주심에 마음 깊이 감사를 드린다.

그리고 본서가 출판되기까지 재정적으로 후원해 주신 이병구 목사님께 감사의 예(禮)를 드리고 싶다. 또한, 지난 10년 넘게 부족한 교수의 강의에 함께해 준 부산장신대학교 학부 · 신학대학원 · 대학원(석 · 박사 과정) 학우들에게 감사를 드리고 학문의 장에서 함께한 총장님을 위시한 모든 교수님께 감사를 드린다. 특히 늘 따뜻하게 배려해 주시고 격려해 주신 부산장신대학교 차명호 교수님께 감사를 드린다.

또한, 샌프란시스코신학교의 자나 칠더스(Jana Childers) 설교학 교수님, 위렌 리(Warren W. Lee) 교수님, 신학박사 논문을 지도해 주신 허도화 교수님께 감사를 드린다. 또한, 부족한 필자의 강의와 설교를 수년간 쉼 없이 함께 나눔을 계속해 온 부산과 대구 프로페차이 목사님들께 감사드리며, 포스딕설교연구소를 후원해 주신 교회와 목사님들께도 고마움을 표한다. 그리고 본서를 출판해 주신 기독교문서선교회(CLC) 대표 박영호 목사님과 수고해 주신 직원들에게 감사를 드린다.

특별히 결혼생활 32개 성상(星霜) 동안 같은 걸음을 걸으며 사역을 함께한 동반자요, 필자의 절반 이상의 결혼생활을 학생 신분으로 학문을 연마했기에 늘 경제적 어려움 속에서 남모르는 눈물과 고통 속에서도 뒷바라지를 한 나의 가장 사랑하는 아내 정현희 님께 본서를 바치고 싶다. 또한, 아빠의 연구 생활 때문에 늘 함께하지 못했지만 잘 참아준 하늘이 내려준 귀한 선물인 아들 영호와 딸 영은에게 고마움을 표한다. 필자가 감사를 드릴 수밖에 없는 분들 때문에 여기까지 사랑의 빚을 지고 달려왔음을 생각하니 다시 한번 고개를 숙여 깊이 감사를 드린다.

본서가 한국교회의 강단을 더욱 건강하게 하는 데 조금이라도 이바지 할 수 있다면 필자로서는 말할 수 없는 기쁨이 될 것이다. 지금까지 나의 여정에 섬세하고 아름답게 인도해 주신 살아 계신 하나님을 생각하면 말할 수 없는 감격과 행복이 넘친다. 하나님의 은혜가 너무 크고 놀라와 이 모든 일에 하나님께 영광을 높이 올려드린다.

2020년 여름 햇볕을 뜨겁게 받으면서,
포스딕설교연구소에서
조 성 현

제1장

초기 선교사들의 설교 세계
청교도적 열정이 있는 삼대지 주제설교

언더우드 선교사
(Horace G. Underwood,
1859-1916)

아펜젤러 선교사
(Henry G. Appenzeller,
1858-1902)

게일 선교사
(James S. Gale,
1863-1937)

마포삼열 선교사
(Samuel A. Moffett,
1864-1939)

곽안련 선교사
(Charles A. Clark,
1878-1961)

1. 들어가는 말

성경적인 설교를 강력하게 주창하며 "설교자들을 위한 신학자"요 "바르트 이전의 바르트"(a Barth before Barth)[1]라고 불리는 포사이스(Peter T. Forsyth, 1848-1921)는 1907년 예일대학교의 설교학 강의인 비처 강연에서 다음과 같은 위대한 명언을 남겼다.

> 나는 감히 다음과 같이 말한다.
> "교회는 말씀과 함께 살고 죽는다"(with its preaching Christianity stands or falls).
> … 설교는 예배에서 가장 중요한 순서이다. … 설교는 기독교에서 가장 독특한 요소이다.[2]

이는 한국교회에 그대로 적용되는 명구이다. 동방의 고요한 나라이면서 어둠이 짙게 깔린 조선을 말씀으로 살리기 위하여 하나님의 말씀과 복음을 가지고 이 땅에 입국한 초기 선교사들이 있다. 아펜젤러, 언더우드, 게일, 마포삼열, 곽안련 선교사이다. 이들을 중심으로 설교 세계를 살펴보자.

---

[1] O. C. Edwards Jr., *A History of Preaching* (Nashville, TN: Abingdon Press, 2004), 680.
[2] Peter T. Forsyth, *Positive Preaching and the Modern Mind* (Ann Arbor, MI: Baker Book House, 1980), 3.

2. 선교사들의 입국과 사역

선교사들이 조선에 입국하여 복음을 전파하는 시기는 이미 국운이 기울기 시작한 때였다. 그러나 하나님께서는 서양 선교사들이 조선에 들어오기 전에 '한미통상조약'(1882년)이 체결되게 하셔서 선교의 문을 열어 놓으셨다.

김인수는 그의 책 『한국기독교회사』에서 미국 의사 선교사 알렌(H. N. Allen, 1858-1932), 미국 북장로교회 선교사 언더우드(Horace G. Underwood, 1859-1916), 미국 북감리교회 선교사 아펜젤러(Henry G. Appenzeller, 1858-1902)의 입국 경위와 사역에 대해 다음과 같이 언급했다.

> 긴 준비 기간을 끝내고 1884년 9월에 미국 북장로교회가 파송한 의사 알렌이 개신교 선교사로는 처음으로 한국에 내한하였다. 그래서 1884년은 한국 개신교 선교의 기점이 되는 해이다. 그는 갑신정변 때 중상을 입은 민씨의 조카인 민영익을 생명의 위험에서 완쾌시킴으로 고종의 신임을 얻어 세브란스병원의 전신인 제중원(구 광혜원)을 개설하였다. 이는 공개적인 선교활동을 벌일 수 없었던 당시의 형편으로는 합법적으로 한국에 거주할 수 있는 길이었다.
> 안수받은 목사 선교사가 처음으로 한국에 발을 디딘 사람은 언더우드였다. 그는 1859년 7월 영국의 런던에서 태어났으나 12살 때 미국으로 이주하여 뉴욕대학교를 졸업하고 화란 계통의 개혁교회 계통의 뉴브른스윅(New Brnswick)신학교를 1884년에 졸업하고, 동시에 뉴욕대학교에서 문학석사 학위도 수여받았다.

그는 25세에 미국 북장로교의 젊은 선교사로서, 미국 북감리교회의 선교사인 아펜젤러 부부를 만나서 1885년 4월 5일 부활절 주일에 제물포에 도착하여 한국 땅을 동시에 밟게 되었다. 그러나 갑신정변으로 국내 정황이 좋지 않게 되자 언더우드 부부는 입국을 허락받았지만, 임신한 부인 때문에 아펜젤러 부부는 일본으로 돌아가서 두 달 후에 선교를 시작하였다.

언더우드는 알렌이 갓 시작한 제중원에서 첫 사역을 함으로 선교의 자유가 허락되지 않은 한국에서 의료선교를 통해 선교가 시작되었다.[3]

조선 땅에 선교사들이 내한한 것은 하나님께서 한국을 사랑하시는 섭리와 경륜의 역사이다.[4] 또한, 한국 땅에 복음의 서광을 비취는 신호탄이기도 했다. 그러나 조선의 정치적인 혼란스런 와중에도 또 한 분의 선교사가 캐나다에서 조선으로 입국했다. 바로 게일(James S. Gale, 1863-1937) 선교사이다.

---

[3] 김인수, 『한국기독교회사』 (서울: 한국장로교출판사, 1994), 95-98; 김인수, 『간추린 한국교회의 역사』 (서울: 한국장로교출판사, 1998), 59-64를 보라. 아펜젤러는 1902년 목포로 향해 가던 작은 배를 타고 가다 난파되어서 아깝게 세상을 떠났다. 그는 배재학당을 설립하고, 순회목사로, 성경 번역으로 탁월한 공헌을 남겼다. 프랭클린마샬대학(Franklin-Marshall College)을 1882년에 졸업하고, 드루신학교(Drew Theological Seminary)에서 수학했다. 민경배, 『한국기독교회사』 (서울: 대한기독교사, 1987), 153을 보라.

[4] 언더우드 선교사는 맨 처음에 인도선교를 지원했으나 "한국에 갈 사람이 하나도 없구나"라는 하늘의 음성을 듣고 한국선교를 지원하게 되었다. 그는 정동교회(현 새문안교회)를 설립했다. 한영제 편, 『복음선교 120년, 신앙위인 120명: 인물로 보는 한국교회사』 (서울: 한국기독교역사박물관, 2006), 19를 보라.

게일은 1863년 2월 19일 캐나다에서 출생하여 토론토대학을 졸업하고 토론토대학 YMCA 선교사(후에는 미국 북장로교 선교사로 활동)로 1888년 12월 15일에 제물포에 도착하여 선교지 개척, 연동교회 초대 목사로, 성경 번역자로, 평양신학교 교수로 활동하고, 특히 한국학 연구(Korea Grammatical Form, 1884)를 통하여 외국에 한국어를 알렸다.[5] 그는 한국 문화선교의 선구자로서 선교의 자리매김을 한 귀한 선교사임에는 틀림없다.

다음으로 평양을 한국의 예루살렘으로 변화시킨 장본인인 마포삼열(Samuel A. Moffett, 1864-1939) 선교사이다. 그는 미국의 인디아나주 매디슨(Madison, Indina)에서 출생하여 하노버대학과 맥코믹신학교를 졸업하고 미국 북장로교회 선교사로 파송받아서 1890년 1월 25일(만 26세)에 내한했다. 1893년 그는 평양 최초의 교회인 장대현교회(구 널다리골교회)를 설립하여 담임목사로서 대부흥 운동이 일어난 1907년까지 시무했다. 그는 평양 장로회신학교를 설립하여 초대 교장으로 20년 동안 봉직하면서 한국장로교 목회자들을 많이 배출했다.[6]

또한, 1912년 9월 17일에 대한예수교장로회 독노회 노회장이 되었고, 1912년 7월 12일 한국 최초의 7인에게 목사안수를 주었다. 그리고 1919년 대한예수교장로회 제8대 총회장이 되었다. 1936년 9월 24일

---

5   한영제 편,『한국기독교 인물 100년』(서울: 기독교문사, 1996), 166-67.
6   주도홍,『교회사 속의 설교자들』(서울: CLC, 2017), 211-12; 한영제 편,『복음선교 120년, 신앙위인 120명: 인물로 보는 한국교회사』, 25를 보라. 평양 장로회신학교는 1901년 봄 마포삼열(Samuel A. Moffett) 박사가 평양 대동문 옆 자택에서 방기창, 김종섭 두 학생과 함께 신학반을 시작했다. 1903년 '장로회공의회'가 장로회신학교 설립을 결의했다. "장로회신학대학교,"〔2020년 4월 5일 접속〕〈http://www.puts.ac.kr/www/main/kor/Sub/sub-01-02-02-03.asp?dtStart=1901〉

신사참배 입장을 굽히지 않자 일제의 강압에 의해 추방되어 한국을 떠나게 되었다. 그는 소천 후 소원대로 2006년 5월 9일 서울 장로회신학대학교 교정에 이장되었다. 평양에서 출생한 두 아들(Samuel H. Moffett[마포삼락], Howard F. Moffett[마포화열])도 해방 후 한국에서 선교사로 활동했다.[7]

마포삼열 선교사는 복음사역자로, 신학 교육의 선구자로, 독립 운동을 음으로 양으로 지원하는 조선에 대한 애국애족의 마음으로, 한국인을 사랑하고 동화하려는 토착 정신을 가졌고, 책 한 권도 집필을 하지는 않았지만 그의 설교로 많은 한국인이 회개했기에, 평양을 한국의 예루살렘으로 만든 그의 수고와 열정은 이루 말로 표현할 수 없을 정도이다.

마지막으로 곽안련(Charles A. Clark, 1878-1961) 선교사이다. 그는 미국 미네소타주에서 1878년에 출생하여 1902년에 시카고의 맥코믹신학교를 졸업했다. 그해 미국 북장로교 선교사로 파송받아서 한국에 입국했다. 서울에 머물면서 곤당골교회(현 승동교회)를 개척하여 20년 동안 이 교회에서 시무했다. 곽안련 선교사는 1908년부터 평양 장로회신학교 실천신학 교수로 취임하여 1940년 학교가 폐교될 때까지 봉직했다. 그는 설교 및 목회학 분야에서 많은 저술활동을 했는데『목사지법』(1917),『강도학』(1919),『강도요령』(번역, 1931),『목회학』(1933) 등 한국교회 실천신학의 발전에 지대한 공헌을 하여 지금까지 실천신학의 아버지라 불린다. 후에 매카레스터대학에서 신학박사(1910), 시카고대학교에서 문

---

[7] 주도홍,『교회사 속의 설교자들』(서울: CLC, 2017), 212-13.

학박사(1921), 철학박사(1929)를 취득했다. 곽안련 선교사는 그당시 전형적인 보수주의자들의 설교 모델인 주제설교를 공식적으로 사용했다. 그는 그 당시 고난받는 민족에게 위로의 메시지보다는 순수한 복음을 증거할 것을 가르쳤다.[8]

곽안련 선교사의 학문적이고 실제적인 설교학 가르침은 한국교회 목회자들이 어떻게 설교해야 할지에 대해, 설교의 방향과 귀한 지침이 되었다. 특별히 한국교회 목사들을 위해서 저술된 이론적이고 실제적인 설교학 교과서인 『강도요령』(講道要領)[9]이라는 설교학 교과서는 한국선교 초기 불후의 명작과 같은 귀한 저술로서 한국인 설교학 교수가 설교학 교과서를 저작하기 전까지 보물과 같은 서적임에는 틀림없다.

---

[8] 주승중, "곽안련," 『설교학 사전』, 정장복 외 (서울: 예배와설교아카데미, 2004), 383-84.

[9] 『강도요령』은 1925년 10월 30일에 처음 발간되어서 1989년 7월 30일까지 26판을 찍어내는 놀라운 기록을 남겼다. 그 후 1992년에 개정판을 발간했다. 이 책은 미국에서 출판된 30여 종의 설교학 책을 참고하고 그의 설교학 강의와 설교 경험을 통하여 저술한 책이다. 특히 기독교서회에서 출간된 수천 종의 단행본 중에서 독자들로부터 가장 많은 사랑을 받은 생명력이 긴 기념비적인 책이다. 곽안련, 『설교학』 (서울: 기독교서회, 1990), 5-10을 보라.

3. 선교사들의 설교 특징들

첫째, 초기 선교사들은 근본적인 신학을 기반으로 한 청교도 유형 (Puritan type)의 설교관을 가지고 있었다.

박용규는 한국에 파송된 초기 장로교 선교사들의 신학사상에 대해 다음과 같이 언급했다.

> 19세기 말부터 20세기 초엽(1870-1925)까지 한국에 파송된 대부분 장로교 선교사는 근본주의 시대의 구학파 신학 교육을 받은 이들이다. 언더우드 선교사는 청교도정신이 깃든 뉴브른스윅신학교에서 개혁파 복음주의 신학을, 초기 선교 25년간은 마포삼열이나 곽안련 선교사를 위시한 개혁파 복음주의 출신의 멕코믹신학교 출신 선교사들이 한국 장로교 신학을 주도하였다. 이들의 신학은 철저한 보수주의에다 청교도적 엄격성을 견지한 개혁파 복음주의 신학을 가진 선교사들이었다.[10]

또한, 초기 선교사들은 대부분 미국 전역을 휩쓴 '제2차 대각성 운동'의 영향으로 선교사로 지원한 분들이 대부분이었다. 그러므로 초기 선교사들의 예배와 설교 신학적 배경은 전통적인 예배(禮拜)·예전(禮典, Liturgy)보다는 복음적 열정과 뜨거운 영성, 전도 중심, 보수적인 신학과 간단한 집회 형식의 예배, 회심을 강조한 '설교 중심적 사역'으로 한국에서 선교를 펼쳤다. 이에 김운용은 초대 선교사들의 설교 특징에 대해 다음과 같이 언급했다.

---

[10] 박용규,『한국기독교회사 1(1784-1910)』(서울: 생명의말씀사, 2004), 466-69.

이들의 설교의 초점은 예수 그리스도의 복음이었으며, '천당과 지옥'이 주요 주제였다. 그리고 이들의 설교는 이원론(dualism)에 근거하였다. 즉 민족의 현실이나 사회적인 문제에 대해서는 간과했다. 반면에 장래에 펼쳐질 하나님의 나라를 강조하는 설교였다. 그들은 전천년설(premillenarianism)에 기초한 종말론적인 재림사상을 가지고 있었으며 청교도 신학의 특징에 입각한 설교들이었다.[11]

초기 선교사들의 설교는 청교도 신학에서 주로 강조하는 예수 그리스도를 통한 사죄, 성경의 무오설과 성경 중심의 철저한 신앙, 뜨거운 신앙과 믿음을 회복하는 것에 관한 설교였다.

둘째, 선교사들의 주된 설교 형태는 '삼대지 주제설교'(three point topical sermon)였다.

이는 미국교회에서 19세기에서 20세기 초반까지 유행한 설교 방법으로 선교사들이 자국에서 배운 설교 방법을 그대로 가지고 와서 설교했고 한국인들에게 가르쳤다. 정성구는 『한국교회 설교사』에서 초기 선교사들의 설교 특징에 대해 다음과 같이 서술했다.

초기 선교사들의 설교 특징은 미국에서 1900년대 초에 가장 보편적으로 사용되었던 제목설교(주제설교를 가리킴)로서 많은 예화를 필요로 했다. 그러므로 한국교회 지도자들에게 예화를 많이 권장함으로, 상대적으로 교리설교에 대한 흥미를 감소시켰다. 또한, 설교에서 성경신학에 대한 이해보다는 조직신학에 대한 접근만 있었다(성경신학은 1950년대

---

11 Unyong Kim, "Faith Comes From Hearing," 19-20.

전후에 발전됨). 이러한 삼대지 주제설교는 한국교회 강단에 100년 동안 상당한 영향을 끼쳤다. 결론적으로 초기 선교사들의 설교는 1920년대 말까지는 순수한 복음설교를 하였는데, 이는 그들이 청교도적인 뜨거운 열심은 있었지만 신학적으로는 부족했음을 저들의 설교를 통하여 짐작할 수 있다.[12]

한국 땅에서 선교사들의 삼대지 주제설교의 배경은 "역사적으로 선교 초기의 개신교 선교사들은 불교나 유교보다 기독교가 더 합리적이고 지성적인 종교라는 것을 증명하기 위해서, 삼대지 설교를 논리적으로 교리적으로 설교했다"[13]

삼대지 주제설교의 경우 설교 구성이나 논리적으로 명제를 전달하는 데는 효과적이지만, 설교자의 생각이 본문을 지배할 수 있는 위험성이 있으므로 본문을 설교자의 '증거 자료'(proof text)로 전락시키고, 설교자의 주장을 펴기 위한 '징검다리' 역할을 할 수 있는 '비성경적 설교'(non-biblical sermon)[14]가 될 가능성이 많다.

셋째, 설교의 가장 중요한 목적은 불신자를 구원하는 것에 초점을 두었다.

선교사들은 목회에 있어서 가장 중요한 기능을 설교에 두었다. 그리고 설교의 가장 중요한 기능은 불신자를 구원하는 것으로 설교의 모든 역량을 이곳에 총동원했다. 곽안련은 이 점에 대하여 그의 설교학 교

---

12 정성구, 『한국교회 설교사』 (서울: 총신대학출판부, 1991), 31-32.
13 조성현, 『설교 건축가』 (부산: 카리타스, 2016), 14.
14 이에 대한 더 자세한 설교학적 정보는 조성현, 『설교 건축가』, 13-17을 보라.

과서에서 다음과 같이 언급했다.

> 설교는 불신자를 죄의 형벌에서 구원하기 위하여 하는 것이다. … 설교자는 마땅히 그들을 지옥에서 건져 내어 구원하고 천국에 들어갈 수 있을 때까지, 즉 천국 백성이 되기까지 그들을 양육해야 한다. 이러한 모든 뜻이 구원이라는 낱말 속에 함축되어 있는 것이다.[15]

선교 초기에 선교사들은 선교의 목적을 이루기 위하여서 전도와 설교를 통하여 불신자를 회심케 하여서, 그들을 하나님의 사람으로 만드는 것이 가장 중요하기에 설교의 목적과 목표는 늘 '불신자의 구원'에 정조준 되었다. 불신자의 회심에 목표를 둔 선교사들의 설교 내용과 주제에 대해 이상규는 다음과 같이 분명하게 언급했다.

> 선교사들의 설교 주제와 내용은 복음과 영생, 속죄, 구원, 하나님의 사랑 등의 포괄적 주제였는데, 그것은 당시의 시급한 요청이었기 때문이다. 선교사들의 설교 주제는 천당과 지옥, 예수와 사탄, 선과 악을 대비하는 단순하고 복음적인 것이었다.[16]

---

15 곽안련, 『설교학』, 44-45.
16 이상규는 초기 선교사들과 1920년대까지의 한국인 설교자들의 공통점과 상이점에 대하여 언급했다. 공통점은 영생과 구원, 하나님의 사랑, 내세적인 경향 등은 공통분모이다. 그러나 상이점은 두 가지이다. 첫째, 한국인 설교자의 설교는 유교적인 전이해 속에서 도덕적인 요소가 강했다. 즉 권선징악(勸善懲惡) 혹은 상선벌악(賞善罰惡)의 도덕적인 요소가 설교에 많이 가미되었다. 둘째, 충군애국적(忠君愛國的) 성격이 짙었다. 이는 갑신정변(1884), 청일전쟁(1894-5), 민비시해 사건(1896) 등의 정치적인 상황 속에서 탄생된 설교의 주제들이었다. 이상규, 『해방 전후 한국장로교의 역사와 신학』(서울: 한국기독교역사연구소, 2015), 115-16을 보라.

넷째, 정교분리의 원칙에 입각한 설교였다.

선교사들이 내한을 시점으로 한국은 계속적인 정치적 혼란과 갈등의 양상이 더욱 노골화되었다. 특별히 일본에 의해 1905년 을사조약(乙巳條約)이 강제로 체결되었고, 1910년에 급기야 한일합방(韓日合邦)이 되었다. 이런 침울한 분위기는 예배 안에서도 나라를 사랑하는 애국애족의 정신으로 승화되었다. 심지어 1905년 을사조약이 강제로 체결되는 날, "교회가 울음바다가 되었다. … 양주군의 홍태순 목사가 대한문 앞에 와서 약을 먹고 자살을 하였다"[17]는 기록은 그 당시 교회와 교인들의 마음과 생각이 어떠했는지를 가늠케 한다.

그러나 선교사들의 생각은 조금 달랐다. 이들은 교회와 예배가 하나님의 나라를 구현하고 하나님을 찬양하고 온전히 예배하는 곳이지, 교회가 애국애족의 단체가 되어 가는 것에 대해 깊이 우려했다. 급기야 선교사들은 "교회의 예배당은 나라 일을 보는 곳이 아니기에, 이곳에서 나라 일을 의논하거나 공론해서는 안 된다"[18]고 했다. 이는 선교사들의 보수적이고 복음주의적인 신학성향과 정치적인 일에 무관하다는, 이원론적인 신앙의 경향으로 인해서 나타난 자연스러운 발로(發露)였다.

그러나 다행스럽게도 마포삼렬 선교사는 신사참배에 반대할 정도로 한국 사람의 애국애족 정신을 가장 잘 이해한 '한국적인 선교사'로서 조금도 손색이 없었다.

---

[17] 정장복, "설교백년, 회고와 성찰과 전망,"「기독교 사상」통권 제491호(1991년 11월), 42.
[18] 정장복, "설교백년, 회고와 성찰과 전망," 43-44.

다섯째, 선교사들은 어눌한 한국말이지만 열정적으로 설교했다.

서양 선교사들은 마음과 정성을 다하여 한국을 사랑하는 마음으로 선교하고 설교했지만, 항상 그들은 한국의 문화와 풍습, 특별히 한국 언어의 장벽을 뛰어넘지 못했다. 피부색과 생김새가 다른 서양인이 서툰 한국어로 설교한다는 것은, 설교를 통하여 감동을 주기보다는 한국인에게는 재미있는 행사(?)였을 것이다. 조성현은 다음과 같이 언급했다.

> 초기 서양 선교사들은 설교에 있어서 언어의 장벽과 문화적 차이를 극복하는 데 어려움을 겪었다. 그래서 설교를 전달하는 데 있어서도 늘 한계에 부딪혔다. 선교사들은 힘과 최선을 다하여 설교하는 수고를 하였지만, 그들의 설교를 듣는 조선인 회중들은 종종 선교사들의 설교가 웃음거리(laughingstock)가 되었다.[19]

침례교 출신의 펜위크(Malcolm C. Fenwick) 선교사는 1889년에 한국에 도착해서 한국어를 배워서 설교한 후 다음과 같이 그의 책에서 회고했다.

> 주일마다 달마다 애쓰고 호소하고, 눈물로써 하나님의 아들 그리스도의 사랑을 증언하고, 예수께서 내 영혼에 가져다주신 평화에 대하여,

---

[19] SungHyun Cho, "Toward A Model of Pastoral Preaching in Jeju Island Churches of Korea With Particular Reference to Their Cultural Context" (D.Min. diss., San Francisco Theological Seminary, 2008), 40. 이후로는 "Toward A Model of Pastoral Preaching"으로 표기한다.

주님의 보배로운 피로 내 죄를 사해 주셨음에 대하여 설교했다. 그리고 그분이 오셔서 내 안에 계셔서 나의 모든 일을 주관하신다고 설교하였지만, 저들은 나를 보면서 웃고(laugh) 있었다.[20]

이러한 언어의 제약이 있었음에도 불구하고 초기 선교사들은 하늘나라의 사자로, 생명의 복음 전달자로 조선 사람들을 구원하기 위하여 마음과 정성과 생명을 다하여 설교했다.

4. 선교사들의 설교에 대한 분석

첫째, 언더우드 선교사와 곽안련 선교사의 주제설교이다. 초기 선교사들의 설교 주 형태는 '삼대지 주제설교'였다. 언더우드의 대표적인 설교는 빌립보서 3:8-10을 본문으로 한, "모든 것을 해(害)로 여김"[21] 이라는 제목의 설교이다. 설교대지는 다음과 같다.

① 속죄(贖罪)해 주시는 예수님.
② 부활(復活)하신 예수님.
③ 예수님과 고생(苦生)하면 같이 즐거워한다.

20　Malcolm C. Fenwick, *Church of Christ in Corea* (Seoul: Baptist Publications, 1967), 54.
21　"또한 모든 것을 해로 여김은 내 주 그리스도 예수를 아는 지식이 가장 고상하기 때문이라 내가 그를 위하여 모든 것을 잃어버리고 배설물로 여김은 그리스도를 얻고"(빌 3:8). 이 설교는 1912년 대한예수교장로회 제1회 총회에서의 설교이다. 정성구, 『한국교회 설교사』, 39를 보라.

이는 신학적으로는 건전하지만 설교학적으로는 대지들 간에 통일성이나 연결성이 없다. 이는 언더우드가 목회경험이 전무해서 일 수도 있지만, 미국에서의 비성경적인 삼대지 주제설교의 영향을 받았음을 부인할 수 없다. 그럼에도 불구하고 회중들에게 복음을 온전히 증거하려는 그의 의도는 매우 귀하다.

둘째, 곽안련은 마태복음 16:19[22]을 본문으로 "천국의 열쇠들"(Keys of Heaven)[23]이라는 제목으로 설교했다. 설교대지는 다음과 같다.

① 진리(眞理)의 열쇠이다.
② 기도(祈禱)의 열쇠이다.
③ 친목(親睦)의 열쇠이다.
④ 품행(品行)의 열쇠이다.

이는 설교자의 주관에 따라서 설교가 전달되므로 본문과 전혀 상관없이 대지로 나열되었다. 이는 설교자가 설교자의 논리를 합리적이고 명제적으로 설교할 수 있는 장점은 있지만, 설교자의 생각이 설교 본문을 지배하는 위험성을 가지고 있었다.

그러나 설교학이 발달되지 않는 선교 초기에 곽안련은 다른 종교보다 더 설득적인 종교라는 것을 증명하기 위해서 삼대지 주제설교를 논

---

[22] "내가 천국 열쇠를 네게 주리니 네가 땅에서 무엇이든지 매면 하늘에서도 매일 것이요 네가 땅에서 무엇이든지 풀면 하늘에서도 풀리라 하시고"(마 16:19).
[23] 「新學指南」 Vol. 2(1919), 103-118. Unyong Kim, "Faith Comes From Hearing." 22에서 재인용.

리적으로 설교했다고 본다. 이런 초기 선교사들의 삼대지 주제설교의 경향은 선교 초기부터 약 100년간 한국교회의 설교 형태에 강력하게 영향을 주었다.

셋째, 마포삼열의 설교이다. 본문은 골로새서 2:8[24]로 제목은 "조선 교회에 기(奇)함"이다. 설교의 중요한 부분을 발췌해 본다.

> 나는 조선에 와서 복음 전도 하기 시작하기 전에 황주에서 하나님 앞에 기도하고 결심한 바 있었다. 나는 내가 이 나라에 '십자가 도' 외에는 전하지 않기로, 오직 하나님의 뜻대로, 죽든지 살든지 구원의 복음을 전하기로 굳세게 결심하였다. 그 다음 해에 평양에 왔는데, 평양에는 그때에 신자는 한 명도 없었다. 하루는 어떤 불교 학자를 만나 예수교 이야기를 할 때에 불교도 좋고 예수교도 좋으니 둘 다 믿는 것이 가하다 하나 나는 그런 것이 아니라, 오직 예수만 믿을 것을 말하자 그는 섭섭히 여기었다. 그 익년에 의주로 가서(43년 전) 한 청년을 만나서 산에 올라가서 산보도 하고 봉천서 받은 한글 신약을 주면서 예수를 믿으라 전도하였는데 그 청년이 믿기 작정하였다. 그가 곧 한석진 목사이다. 그 후에 점점 한석진 씨와 나는 바울과 같은 결심으로 조선 13도에 전도하기로 결심하였다. …
> 우리의 처음 결심은 바울의 결심과 똑같은 결심을 하였다. 바울은 다른 복음을 전하지 않았고, 만일 다른 복음을 전하면 저주를 받으리라

---

[24] "누가 철학과 헛된 속임수로 너희를 사로잡을까 주의하라 이것은 사람의 전통과 세상의 초등학문을 따름이요 그리스도를 따름이 아니니라"(골 2:8).

고 말한 것처럼 결심하였다. 나도 그리스도의 십자가 복음 외에는 다른 것을 전하지 아니하기로 결심하였다. 다른 것은 참복음이 아니다. … 바울이 청년 목사 디모데에게 부탁함같이 나도 조선에 있는 원로 선교사와 노인 목사를 대표하여 조선 청년 교역자에게 말한다. 원로 선교사와 원로 목사가 전한 그대로 전하라. 이 복음은 옛적부터 전한 복음이다. 이렇게 함으로 신성하고 권능 있는 교회를 세우고 모든 백성에게 십자가의 도로 구원의 복음을 전파하기 바란다.[25]

본 설교[26]를 간단히 분석해 보자. 마포삼열 선교사의 "조선교회에 기함"은 한국교회와 지도자를 참되게 세워 보려는 굳센 믿음과 열정과 신념이 엿보이는 힘 있는 설교이다. 현대 설교학의 관점에서 몇 가지로 분석해 보자.

① 목적과 주제 면에서 본 설교는 교회와 지도자들을 세우기 위한 훈계와 책망이 서려 있는 '예언적 설교'(prophetic preaching)이다. 주제는 정통신앙을 고수하고 사수하기 위해서 불같이 외친 '신앙론'과 '참된 지도자론'에 대해 언급하고 있다. 그의 설교 대부분의 주제는 복음에 대한 명백한 확신과 죄에서 우리를 구원하시는 예수 그

---

[25] 이 설교는 제8회 총회장(1919)으로 피선되어 선천 삼개노회(황주, 평양, 의주) 연합회에서 행한 설교이다. 김건호 편, 『역대총회장 설교』 중권 (서울: 예장총회 종교교육부, 1955), 61-63을 보라.
[26] 마포삼열 선교사는 수없이 많은 설교를 했다. 그 결과 많은 사람이 회개하고 복음을 받아들였다. 그러나 그의 설교문을 찾아보기 어렵다. 단지 "조선교회에 기함"과 "나시르의 서약" 외에는 문헌을 발견할 수 없다. 정성구, 『한국교회 설교사』, 52.

리스도 십자가의 도가 중심 주제였다. 한국교회 선교 초창기에 반드시 회중이 들어야 하는 중요한 주제였다.

② 사용된 자료 분석으로 볼 때, 본 설교는 설교학적으로 문제가 된다. 그 당시 대부분의 선교사 설교에서도 보듯이 이 설교는 성경에 대한 깊이 있는 해석보다는 주제 중심적이다. 본 설교에서도 본문(골 2:8)이 분명히 존재함에도 불구하고 본문에 대한 주석이나 해석이 전혀 없다. 그리고 본문의 전후 문맥에 대한 고려도 없이 오직 경험, 간증, 예화로 점철된 설교이다.

③ 구조 면에서 볼 때, 본 설교는 서론에서는 불교학자와 만나는 이야기라는 '개인적인 경험담'으로 시작했다. 본론에서는 본문에 대한 깊이 있는 주석과 주해가 없고, 결론에서는 '훈계'로서 강력하게 마무리하고 있다.

④ 언어와 적용 면에서 본 설교의 언어는 누구나 알아들을 수 있는 단어와 균형 잡힌 문장을 사용하고 있다. 그리고 적용은 직접적인 표현을 가지고 강력하게 사용하고 있다. 예를 들어 "40년 전에 전한 그 복음 그대로 전파하자," "십자가의 도로 구원의 복음을 전파하기 바란다," "딴 복음을 전하지 말기를 간절히 바란다" 등 직접적이고 단호한 적용을 했다. 마포삼열 선교사의 적용 능력이 강력할 수 있었던 이유는 그의 외모는 서양인이었지만 그는 한국인과 자신을 동일시했고 한국을 매우 사랑했으며 한국인의 정신(ethos)이 깊이 심겨져 있기 때문이다.

여러 가지 비판적 분석에도 불구하고 본 설교는 마포삼열 선교사가 한국교회와 지도자들을 깊이 사랑하는 마음을 담아서 그리스도 중심, 복음 중심으로 서기 원하는 애정 어린 설교임을 알 수 있다.

5. 나가는 말

초기 선교사들이 한국 땅에 복음을 증거 하게 된 것은 전적인 하나님의 주권이면서 섭리였음을 누구도 부인하지 못한다. 그들의 청교도적인 열심과 전도, 의료 및 교육사업, 특히 지칠 줄 모르는 설교 여행을 통하여 한국교회는 초석을 다지게 되었다. 그들의 공과(功過)를 떠나서 한국교회는 선교사들의 수고와 터 위에 집을 지었다.

복음이 전파된 지 130년이 넘는 한국교회가 그들에게 배워야 할 중요한 점은 영혼을 뜨겁게 사랑하며 설교했던 그 열정을 회복해야 할 것이다. "이 세상의 모든 위대한 것은 다 열정의 결과이다"란 말과 같이 현재 한국교회 강단에서 '열정 회복'이 무엇보다도 시급한 과제일 것이다. 이에 선교사들의 희생과 수고 위에 세워진 한국교회 강단의 열정이 회복되기를 기도하며 기대하고 기다린다.

제2장

길선주 목사의 설교 세계
이론과 실제를 겸비한 설교

길선주 목사(1869-1935)

1. 들어가는 말

기독교가 말씀의 종교인 한, 기독교는 '설교의 종교'이다. 왜냐하면, 한 시대의 설교는 그 시대의 사상을 대변하는 것뿐만 아니라, 민족과 교회의 아픔을 그대로 간직하고 있기 때문이다. 이에 민족의 아픔을 위로하고 구원의 복음을 전파한 한국인 최초의 목사 중의 한 분이요, '한국교회의 아버지'인 영계(靈溪) 길선주(吉善宙, 1869-1936)의 설교를 연구하는 것은 의미 있는 일이다. 길선주의 설교 세계로 여행을 떠나 보자.

2. 시대적 배경과 길선주의 생애

반만년의 역사를 지닌 구한말 조선 땅은 흑암 중에 있었다. 그러나 종교적으로 선(仙)이나 유교, 불교가 쇠락기를 맞이하면서 조선은 종교적으로 진공기를 맞이했다. 서양 선교사들이 1800년 말에 입국하여 복음을 전파함으로 이 나라에 서광이 비치고 막 개화(開花)하려던 때였다. 이때 조선은 일제의 침략으로 된서리를 맞이하게 되었다. 특별히 일본에 의해 1905년 을사조약(乙巳條約)이 강제로 체결되었고, 1910년에 급기야 한일합방(韓日合邦)이 되었다.

그러나 35명의 민족 지도자를 중심으로 1919년 3월 1일 대대적인 만세 운동을 일으켰지만 실패로 돌아가 한민족의 마음에 한(恨)을 더욱 가중하였고, 나라를 회복할 소망조차 제거된 상태였다. 그리하여 의식 있는 지도자들은 만주, 중국, 미국 등으로 떠나 대한독립을 위해 고군분투했다. 이 일로 인하여 교회는 더욱 심하게 핍박을 받게 되었다.

그러나 이러한 한국의 절망적인 분위기 가운데서도 한국에 놀라운 일이 일어났다. 바로 1907년에 일어나 '평양 대부흥 운동'이다. "이 운동은 불신자들이 회심을 하는 운동이 아니라, 하나님을 믿는 자들의 영적 갱신(renewal) 운동이었다"[1]는 점이 다른 운동과 구별될 만하다. 이 운동의 주역이 바로 길선주이다. 그는 부흥운동가로, 사회개혁가로, 독립운동가로 활동했지만 특별히 위대한 설교자로 주목할 만하다.

한국교회의 아버지로 추앙되는 길선주는 1869년 평안북도 안주에서 길봉순의 차남으로 태어났다. 그는 어려서부터 한학을 배웠고 종교적 편력이 다양했다. 서양 종교가 우리나라에 들어 온 것을 불쾌하게 여기고 있던 중, 친구(김종섭)가 준 책을 읽으면서 기독교 진리에 관심을 갖게 되었다. 결정적으로 영향을 미친 것은 존 번연의 『천로역정』이었다. 그는 하나님이 참신인지 기도해 보라는 친구의 권유에 따라 기도하던 중 하나님을 만나게 되었다. 길선주는 1897년에 이길함(Graham Lee) 선교사로부터 세례를 받아 진정한 그리스도인이 되었고, 33세(1901년) 되던 해에 장대현교회 장로가 되었다(1902년에는 목사가 되는 것을 전제로 조사가 되었다). 1903년 평양신학교에 입학하여 1907년 제1기로 졸업했고, 독노회에서 안수를 받고 장대현교회에서 시무를 시작했다. 길선주는 장대현교회에서 20년간 시무하면서(1927년 사임) 전국 교회의 부흥 사경회를 인도했고, 1935년 11월 평서노회 사경회를 인도하고 마지막

---

[1] Changbok Chung, *Preaching For Preachers* (Seoul: Worship & Preaching Academy, 1999), 38.

설교를 마친 후 뇌일혈로 하나님의 부름을 받았다.[2]

길선주에게 따라붙는 수식어들이 유독 많다. 유·불·선을 섭렵한 구도자, 3·1독립선언문의 33인 중 한 사람인 독립운동가, 평양 대부흥운동의 주역, 새벽기도의 창시자, 한국의 스펄전, 풍류시인, 한국의 토착화 신학자, "한국장로교회 보수주의 신학사상 형성에 초석을 놓은 사람"[3]으로서 주기철과 함께 "한국 근대인물 100인"[4]에 선정되었다.

그러나 이러한 수식어보다 길선주의 정체성은 1907년 목사안수 후 마포삼열 후임으로 2-3천 명의 심령을 울리는, 장대현교회의 설교자로서 전국 방방곳곳을 다니면서 수많은 사람에게 복음을 강력하게 증거 한 위대한 부흥 설교자로 자리매김을 할 수 있다.

3. 길선주의 설교 특징들

첫째, 길선주의 설교는 선교사들이 전해 준 '삼대지 주제설교'의 전형적인 형태였다.

주제설교는 삶의 장에서 발견된 주제와 진리를 가지고 본문을 찾아 들어가는 형태로 초기 선교사들의 주된 설교 형태였다. 김운용은

---

[2] 주승중, "길선주," 『설교학 사전』, 389; 이영헌, 『한국기독교회사』 (서울: 컨콜디아사, 1991), 121-22를 보라.
[3] 유동식, 『한국신학의 광맥』 (서울: 전망사, 1982), 59.
[4] 김양선, "길선주," 『한국 근대 인물 백인선』, 동아일보출판사 편 (서울: 동아일보사, 1977), 150. 허호익, 『길선주 목사의 목회와 신학사상』 (서울: 대한기독교서회, 2009), 8에서 재인용.

1910-1930년대에 크게 설교 사역을 감당한 길선주를 비롯한 한국인 설교자의 설교 특징에 대해 다음과 같이 언급했다.

> 그 당시 한국인 설교자들의 설교는 초기 선교사들의 설교와 크게 다르지 않았다. 왜냐하면, 그들의 설교는 선교사들로부터 설교 교육을 받았기 때문이다. 그들은 세 대지로 구성된 주제설교 방식으로 설교했다. … 특별히 길선주의 설교를 분석해 보면 그의 설교는 주로 주제설교였으며 풍유적 해석방법(allegorical interpretation method)을 사용하였다.[5]

이는 평양신학교를 설립하고 신학생 길선주에게 신학사상을 전해 준 마포삼열 선교사를 비롯한 그 당시 선교사들의 신학과 설교학의 영향이기도 하다. 길선주의 대표적인 설교 중의 하나인 "최귀(最貴)한 생명"이라는 제목으로 본문(요 17:3)[6]을 가지고 삼대지 주제설교를 했다.

첫째, 생명의 가치(生命之價値, 1. 생명은 세계를 경이케 한다. 2. 생명은 절대의 가치를 가진다. 3. 생명은 최고의 지위를 차지한다).

둘째, 생명의 근원(生命之根源). 생명의 근원은 곧 하나님이시다.

셋째, 생명을 얻을 방침(生命獲得之方針). 하나님을 알고 예수 그리스도를 아는 것이 생명을 얻을 방침이다.[7]

---

5 Unyong Kim, "Faith Comes From Hearing," 25-26.
6 "영생은 곧 유일하신 참 하나님과 그가 보내신 자 예수 그리스도를 아는 것이니이다"(요 17:3).
7 최인화 편, 『길선주 목사 설교집』(경성: 경성주교출판사, 1916), 1-6.

본 설교의 전반적인 흐름은 생명이라는 주제를 가지고 삼대지로 구성하여 설교자가 발견한 삶의 여러 가지 예화와 단편적인 진리로 전개한 설교이다. 길선주의 설교는 대부분 삶에서 발견한 한 가지의 주제를 중심으로 3-4개의 대지로 구성하여 진리를 명확하게 전하는 특징을 가지고 있다. 그러나 초기 선교사들에 비하여 길선주의 설교는 본문을 떠나지 않으려는 치열함이 그의 설교 속에 있었다.

둘째, 영성에 기초한 목양설교(pastoral preaching)이다.

목양설교란 "성경 본문에 근거하여 회중에게 영적인 감동과 감성적인 위로를 줌으로 회중이 깊은 슬픔과 고통에서 빠져나와 하나님께로 가까이 나아오게 하는 설교"[8]이다.

길선주는 1907년의 '평양 대부흥 운동'을 일으킨 핵심적인 주역으로서, 한국교회에서 처음으로 '새벽기도'를 창시한 설교자이다. 이는 성경에 나온 예수의 새벽기도(막 1:35)를 본받는 것뿐만 아니라, 유·불·선을 섭렵한 그의 종교적인 배경과도 무관하지 않다.

이에 특별히 주목하고 싶은 부분은 1907년 한국교회의 오순절이라 할 수 있는 대부흥 운동에서 길선주가 행한 목양설교의 한 대목이다.

> 다음날 집회도 초만원이었다. 길선주 목사는 그날 "이상한 귀빈과 괴이한 주인"[9]이라는 제목으로 설교를 하였다. 설교의 요점은 성령이 오

---

8 SungHyun Cho, "Toward A Model of Pastoral Preaching," 14.
9 "이상한 귀빈(貴賓)과 괴이(怪異)한 주인"(계 3:20)이란 제목에서 '귀빈'이란 주님을 언급하는 단어로 존귀하신 분이 비천하고 누추한 땅에 오셔서 이상한 귀빈이라 한다. '괴이한 주인'이라 함은 귀빈을 영접치 않는 완악한 말세 교인을 말한다. 길선주, 『한국신앙저작집: 강대보감 및 다니엘서 사경안』(서울: 혜문사, 1969), 1을 보라.

서서 마음에 들어가기를 기다리고 있지만 주인이 문을 열어 주지 않는다는 내용의 설교였다. 설교 도중에 여기저기서 통회의 외침과 눈물바다를 이루었다. 회중의 울음소리는 점차로 커지고 걷잡을 수 없는 회개의 역사가 있었다.

이로 인하여 주정뱅이들, 도박군들, 도둑들, 간음한 자들, 살인한 자들, 스스로 의인인 체하는 유교(儒敎) 신자들, 죽은 거나 다름없는 불교 신자들, 수천 명의 마귀 숭배자들이 그리스도 안에서 새 사람이 되어 옛 것은 영원히 사라졌다.[10]

길선주는 일제 식민지 시대의 수난으로 인해 허탈과 좌절에 빠진 한국 사람들의 가슴에 삶의 용기와 확신을 주고 하나님께로 인도했다. 이처럼 그는 한국 설교자로서는 최초의 목양설교를 했다.

셋째, 말세신앙을 강조하는 건강한 종말론적 설교였다.

1920년대는 3·1 운동의 실패로 인해 그리스도인을 비롯하여 전 국민이 좌절과 실의에 빠져 있게 되었다. 그러므로 그 당시 강단에서 선포되는 설교의 주제들은 사회적인 이슈보다는 개인구원의 강조되었고, 현세에 소망을 두는 설교보다는 주님의 재림에 초점을 맞추는 '내세 지향적인 종말론적 설교'가 부각되었다.

이러한 설교사상에 불을 지핀 장본인이 바로 길선주였다. "그는 구약을 30독 하고, 신약을 100독 하고, 특히 요한계시록을 1만 독"[11] 하

---

10 정성구, 『한국교회 설교사』, 139; 이영헌, 『한국기독교회사』, 113을 보라.
11 최정원, 『한국을 바꾼 위대한 그리스도인 16인』 (서울: 쿰란출판사, 2016), 25.

면서 성경에 입각한 종말사상을 가졌다. 그는 말세에 관한 성경적인 깊이뿐만 아니라, 긴박한 재림의 징조, 시사적인 정보, 영적인 감각을 가지고 전천년설에 입각한 재림에 관한 종말론적인 설교를 주로 했다. 길선주는 "말세학"의 서두에서 재림을 깨어서 준비하자고 역설했다.

> 오! 형제자매들이여 우리의 신앙의 토대는 그리스도의 십자가의 보혈에 있는 것이고 신자들의 불변불후(不變不朽)의 무궁한 소망은 주님이 다시 오시어서 평화의 천국을 건설하심에 있는 것이다. 깨어 준비하고 믿음에 굳게 서서 소망 가운데 즐거움으로 주의 재림을 기다리기 바라는 바이다.[12]

그러나 그의 종말론적인 설교는 단순히 현실 도피적인 성격을 가지고 피안(彼岸)의 세계에 대한 단순한 동경이 아니다. 주의 긴박한 재림에 대한 종말론적인 신앙을 가지고 현실 세계에서 더욱 건강하게 살라는 윤리적인 생활지침을 내놓고 민족의 아픔에 함께 동참하면서 설교하는 건강한 종말론적 설교자였다.

넷째, 설교신학의 이론이 분명히 정립된 설교였다.

길선주는 평양 장대현교회 목회를 마무리하고는 전국을 누비면서 민족혼을 깨우고 심령을 소생케 하는 행동파 부흥사였지만, 설교에 관한 설교신학적 이론을 잘 구비한 설교자이다. 1926년에 출간한 그의 설교

---

[12] 길선주, "말세학1," 「신앙생활」 (1935.7.), 16. 허호익, 『길선주 목사의 목회와 신학사상』, 318에서 재인용.

론인 『강대보감』(講臺寶鑑)¹³은 길선주의 설교 다수와 설교 이론이 소개되어 있다. 주승중은 강대보감의 부록에 나온 '강도법'(講道法)에 나온 설교론을 다음과 같이 서술했다.

> 강도(講道)라 하는 것은 경우와 형편에 따라 하나님의 신령한 이치를 가지고 성경 말씀으로 기초를 세우고 구속(救贖)하는 주의(主義)로 인심(人心)을 감동하도록 권면하는 유법적 연설이다. 그리고 강도의 주의(主義, 목적 -필자 주)는 죄의 더러움과 마귀의 권세 가운데서 생활하는 사람들을 하나님의 광명한 빛 가운데로 인도함이다.¹⁴

여기서 길선주의 설교관은 하나님의 말씀을 가지고 회중의 마음을 감동케 해서 회개하고 중생하게 하는 것임을 분명히 알 수 있다. 그뿐만 아니라 본문을 택하는 방법, 제목을 정하는 방법, 결론을 맺는 방법까지 구체적으로 설교 이론을 언급했다. 1925년 곽안련의 『강도요령』이 출판된 다음 해에 그의 설교론 책이 발간된 것으로 보면 개화기에 한국인으로서 위대한 설교의 문무(文武)를 겸비한 설교자로 평가할 수 있다.

---

13 길선주 설교에 대한 목차는 길선주, 『한국 신앙 저작집: 강대보감 및 다니엘서 사경안』을 참고하라.
14 주승중, "길선주," 『설교학 사전』, 390-91.

4. 길선주 설교에 대한 분석

길선주의 대표적인 설교 중의 하나인 "최귀(最貴)한 생명"(요 17:3)을 간략하게 살펴보고 현대 설교학의 관점에서 몇 가지로 분석해 보자.

① **생명의 가치**: 조금 전에는 여러 사람이 가장 귀히 여긴다는 금전 수만 원을 잃고 담소의 마당을 이루었다. 그러나 술에 취한 채로 전차가 지나갈 때 그 궤도를 건너다가 절명이 된 노동자 한 사람이 횡사한 데에 대해서는 3-40명이 슬퍼하며 놀래마지 아니하니 물질과 생명의 차이를 절감하게 되고, 생명의 가치야말로 천하를 가히 움직일 만한 것임을 알게 한다. … 우리 주님은 말씀하시길 한 사람의 생명의 가치는 온 세계보다도 초월한다고 증언하였다. "사람이 만일 온 천하를 얻고도 제 목숨을 잃으면 무엇이 유익하리요"(마 16:26) 하신 말씀은 이 세상을 다 얻을지라도 생명만 못하다고 하신 말씀일 것이다. …

② **생명의 근원**: 사과를 구하려면 사과나무 있는 곳으로 가야 할 것이고, 잉어를 낚으려면 낚시나 그물을 가지고 강으로 가야 할 것이 아니냐!
생명을 구하는 자도 역시 생명의 근원이 되는 하나님을 찾아 구해야 할 것이다. …

③ **생명을 얻을 방침**: 본문에 보면 "영생은 곧 유일하신 참하나님과 그의 보내신 자 예수 그리스도를 아는 것이니라"(요 17:3)고 하셨다. 그런즉 하나님을 알고 예수 그리스도를 아는 것이 생명을 얻을 방

침이다. … 우리는 하나님을 알고 예수를 알아야만이 귀중한 생명을 얻을 것이다.[15]

첫째, 목적과 주제 면에서 본 설교는 기독교 신앙을 바르게 깨우쳐 주는 역할을 담당하는 교리적 설교(didactic preaching)로 분류된다. 그러나 선포적인 설교의 면도 보인다. 예를 들어 "어떻게 신앙이 구원을 얻을 수 있는가? 예수 그리스도를 믿고 이 최귀한 생명을 얻으시길 바라나이다"라는 말씀 속에서 선포적인 설교의 모습도 보인다. 그리고 본 설교는 '영생'과 '생명'이라는 주제로 선포되었다.

둘째, 설교의 유형과 전개 형태로 볼 때, 본 설교는 주제설교의 형태를 띠고 있다. 주제설교는 설교자가 한 주제를 정하여 밀도 있게 진행하는 형태이다. 그리고 삼대지로 구성되어서 삼대지 주제설교의 전개 형태이다. 다음과 같은 삼대지 주제설교 방식을 취하고 있다.

① 생명의 가치가 얼마나 소중한가?
② 생명의 근원이 어디에 있는가?
③ 어떻게 하여야 생명을 얻을 수 있는가?

셋째, 구조 면에서 본 설교의 서론은 회중과 공감대를 형성하는 것이 주안점이다. 그러나 본 설교의 서론은 약간의 암시적인 내용으로만 서론이 시작되었다. 본론에서는 각 대지마다 예화(첫째 대지의 경우, 실

---

[15] 이성호, 『한국 신앙 저작집: 길선주목사 설교 및 약전집』 (서울: 혜문사, 1969), 1-5를 보라.

패한 사업가, 전차 사고)를 제시함으로 청중의 관심도를 높이고 있다. 그러나 그것이 설교의 분량의 1/2을 차지함으로 예화 중심적인 설교가 되었다. 결론 부분에서는 설교의 요점을 간략하게 반복하는 형태를 취하고 있으며, 너무 급하게 결론을 내린 것 같다.

넷째, 사용된 자료 면에서 본 설교는 로마서 1:17, 요한복음 3:16, 요한계시록 21:10, 욥의 이야기 등으로 전체적으로 성경과 연계되어 있다. 그리고 예화를 4개나 사용하고 있다. 첫 번째 대지에서 실패한 사업가와 전차 사고의 죽음은 실제적인 예화를 가지고 대조적으로 사용하므로 회중으로 하여금 공감을 자아낸다.

또한, 마지막 두 번의 예화는 생활 속의 속담(죽은 재상이 산 강아지만 못하다)을 인용함으로 청중의 이해를 돕고자 했으나, 비슷한 예화의 중첩은 산만하게 하여 부정적 느낌을 준다. 그리고 본문에 대한 깊이 있는 원어적 분석이나 본문에 대한 깊이 있는 관찰을 간과한 약점이 있다.

그러나 길선주의 설교는 전체적으로 회중에게 쉽게 잘 전달되고 은혜를 경험하게 할 수 있는 좋은 설교로 여겨진다. 특별히 기독교의 가장 핵심적 주제인 '생명'을 여러 각도로 취급하는 시도는 길선주의 효과적인 설교전달법으로서 칭찬할 만하다.

5. 나가는 말

　길선주를 떠나서 한국교회를 설명할 수 없고, 길선주를 제외하고 초기 한국교회의 강단을 설명할 수 없다. 그의 족적과 설교는 한국교회의 이정표를 놓은 셈이다. 복음을 전하고자 하는 뜨거운 그의 열정, 성경 연구에 대한 깊이, 평양 대부흥 운동의 주역 됨, 시대를 보는 종말론적인 시각은 탁월함을 넘어서 신기에 가깝다.

　특별히 설교에 대한 이론과 실제를 겸비한 설교자가 그리 많지 않음을 볼 때, 학문적인 배움이 깊지 못했음에도 불구하고 문무(文武)를 겸비한 설교자로서 길선주의 모습은 한국교회 강단에 좋은 모범이 될 것이다.

　설교의 실제만을 강조하면 설교의 탈선을 부르게 되고, 설교의 이론만 강조하면 설교의 활력을 잃어버릴 위험성이 있는데, 100년 전 길선주의 설교론은 현대 설교자들도 길이 참고할 만하다. 이제 이론과 실제를 겸비한 제2의 길선주와 같은 설교자가 나타나기를 기다리고 기대해 본다.

제3장

김익두 목사의 설교 세계
영성적 목양설교

김익두 목사(1874-1950)

1. 들어가는 말

초기 서양 선교사들의 선교와 헌신의 열매로 한국의 영적 지도자들이 탄생하게 되었다. 특별히 평양신학교 출신의 장로교 목회자로서 초기 한국교회에 우뚝 선 두 기둥은 평양신학교 선후배 사이인 길선주와 김익두이다.

길선주를 '말세론의 대가'라 한다면, 김익두는 '부흥 운동의 대부'로서 흑암 중에 있던 초기 한국교회와 이 겨레에 빛난 복음을 전한 위대한 설교자이다. 이에 김익두(金益斗, 1874-1950)의 생애와 사역, 설교의 특징들, 그의 설교분석을 통하여 그의 설교 세계로 떠나 보자.

2. 김익두의 생애와 사역

조선은 일제에 의해 주권을 상실하고 깊은 좌절과 슬픔 속에서 1919년 3·1 운동마저 실패하는 좌절의 아픔을 경험했다. 정신적인 황폐함, 사회주의와 무신론의 대두, 자유주의의 발아(發芽), 기독교의 의기소침 등으로 소망 없는 것처럼 보이는 현실 속에서 이 민족에게 희망을 주는 한 사람이 등장한다. 바로 김익두이다. 길선주보다 5년 후에 출생한 그는 우여곡절이 많은 신앙과 목회의 여정(旅程)을 가진 신앙인이다.

김익두는 1874년 1월 3일 황해도 안악군(安岳郡) 대원면 평촌리에서 농부인 김응선(金應善)의 독자로 태어났다. 16세에 과거를 보았으나 낙방하고 17세에 상업을 시작했으나 실패하여 술과 놀음을 좋아하는 완

력가가 되었다. 그는 악명 높은 불량아로 안악군 일대에 그를 모르는 사람이 없었다. 1900년 27세 되던 해에 김익두는 어느 날 소안련(蘇安連, William Swallen) 선교사가 인도하는 집회에 몰래 참석했다. 그는 영생에 관한 설교를 듣고 마음에 크게 찔림이 있어서 기독교 신자가 되기로 결심했다. 그로부터 세례를 받을 때까지 10개월 동안 언행을 삼가면서 성경을 1백 번 읽을 정도로 생활이 경건해졌다. 그 후 27세 된 김익두는 1901년 1월 마지막 주일에 소안련 선교사에게 세례를 받았다.[1]

1906년(32세)에 평양신학교에 입학했고, 졸업(3회 졸업) 후에는 목사 안수를 받고 신천 서부교회(1903년 개척, 1913년 건축), 남대문교회와 승동교회에서 담임목사직을 수행했다. 1920년에는 총회 부총회장으로 피선되어 총회장직을 수행했고, 신사참배를 반대하여 감옥에 투옥되기도 했다. 그는 신천 서부교회를 시무하면서 불같은 성령의 임재를 체험하고 전국적으로 부흥목사로서 사역을 했다. 그는 한국교회를 대표하는 인물로서 '한국의 무디'라고도 불린다.[2]

김익두 하면 가장 떠오르는 이미지가 기적과 표적의 은사가 충만한 부흥사이다. "1919년 12월 경상북도 달성군 현풍교회에서 아래턱이 빠져 10년을 고생한 박수진을 치료한 사건, 1920년 9월에 경남 부산진교회에서 8년 동안 앉은뱅이를 일으킨 기적"[3]을 기점으로 전국적으로 부흥집회 요청을 받아 신유부흥집회를 인도했다.

---

1 김광수, 『한국 기독교 인물사』(서울: 기독교문사, 1981), 198-99.
2 주승중, "길선주," 『설교학 사전』, 393.
3 최정원, 『한국을 바꾼 위대한 그리스도인 16인』, 48-49.

「기독신보」는 김익두 부흥회에 대해 다음과 같이 기사화했다.

> 과학을 초월한 김익두 목사의 기적은 2천 년 전 예수님의 사역에서만 발견되는 일이다. 벙어리가 말을 하고, 앉은뱅이가 걷고, 17년 된 혈루증 환자가 쾌유되며, 소경이 눈을 뜬 것이 모두 거짓 없는 참말이다. 이것은 예수님이 주신 믿음의 진리를 다시 증거 하는 일이지만 그의 능력은 과학을 초월한 것으로 신비의 잠을 깨우는 것이다. …
> 서울 승동교회에서 10월 11일부터 김익두 목사 부흥회가 개최되었는데 1일 3회 성경강론을 하였고, 성신의 큰 역사로 타락한 자가 회개하고, 교만한 자가 겸손해지고, 미지근한 자가 열심 있어지고, 조막손은 펴지고, 앉은뱅이는 걷고, 기타 남녀 수십 명의 병자가 치유되었다. 병자의 치유이적 조사는 뒤로 미루고 일만 명 대중이 철야기도회와 회개를 한 것은 '십자가의 도'가 이룩한 기적이었다.[4]

이러한 부흥 운동과 신유의 역사는 20세기에 사도행전 29장을 쓰는 놀라운 역사였다. 김인수는 그가 인도한 부흥회에 대하여, "부흥집회 수는 776회요, 설교 횟수가 2만 8천 회, 교회 신축이 150처, 그의 감화로 목사 된 자가 200명, 치유받은 자가 1만 명이 넘었다"[5]고 한다. 그 중에 주기철, 이성봉이 대표적인 인물이다.

---

[4] 「기독신보」 제259호, 「기독신보」 제257호. 한영제 편, 『한국기독교인물 100년』, 57에서 재인용.

[5] 김인수, 『한국기독교회사』, 232.

이러한 기적과 치유의 역사가 속출하자 부정적인 시각을 가진 사람들은 "1919년 이적 증명회를 발기하여 3년간 조사하여, 1921년 『조선예수교 이적증명』이라는 책자"[6]를 발간하기도 했다. 그러나 불행하게도 그는 해방이 된 후에 이북에서 강양욱의 회유와 협박으로 '조선기독교도 연맹'에 가입하고 초대 총회장이 되었다. 1950년 10월 14일 (76세) 새벽기도회를 마치고 나오는 김익두는 교인 6명과 함께 인민군에 의하여 피살되었다.[7]

김익두의 사역에 그늘진 부분이 있기는 하지만 마지막까지 복음의 충성된 증인으로 파란만장하게 살다가 장렬하게 순교함으로써 삶을 마감했다. 김익두의 일생은 마치 한 편의 굴곡(屈曲)진 드라마와 같다. 암울했던 시대에 백성들에게 민족에 정기를 심어 주고, 민초들에게 용기와 삶의 희망을 불어넣어 준 그 믿음의 여정은 한국 기독교 130년 역사에서 영원히 빛날 것이다.

3. 김익두의 설교 특징들

초기 선교사들의 설교 정신을 이어받아 1910년대를 시작으로 1930년대까지 한국 민족에게 소망과 용기를 불러일으킨 두 설교의 거장은 단연 길선주와 김익두이다. 그러나 길선주가 설교에 관한 자기의 글과 그의 설교론에 관한 책인 『강대보감』을 출간한 데 비해, 김익두는 설교에

---

6 김인수, 『한국기독교회사』, 231-32.
7 김인수, 『한국기독교회사』, 233.

관한 저작[8]이 전혀 없었다. 그럼에도 김익두의 설교 특징들을 살펴보자.

첫째, 서민적 언어를 사용한 부흥회 설교이다.

김익두의 설교는 선교사들이 전해 준 '삼대지 주제설교'의 전형적인 형태였다. 그러나 선교사들과 달리 본문(text)과 상황(context)을 적절하게 균형을 잘 맞추어서 본문설교를 하려는 거룩한 씨름이 있었다.

김익두의 부흥회 설교는 예수 그리스도의 십자가와 부활, 천국, 회개에 관한 주제를 중심으로 신앙생활의 건강한 회복을 위하여 부흥설교를 전국적으로 인도했다. 김익두는 "한국교회의 부흥회를 대명(代名)할 만한 인물"[9]임에는 틀림없다. 특별히 그의 부흥회는 많은 기적과 이적, 성령의 치유 역사들이 속출했다. 이는 그의 간절한 기도, 금식, 깊은 영성의 결과임을 부인할 수 없다. 정성구는 김익두의 부흥회를 다음과 같이 묘사했다.

> 김익두 목사가 부흥회를 인도한다고 하면 수십 리 밖에서도 사람들이 몰려와서 인산인해를 이루었고 교회 안은 비좁아 밖에 평상을 내어놓고 그 위에 올라서서 설교를 하였다. 삼천리 방방곡곡 어디든지 김익두 목사의 힘 있는 설교를 듣지 않는 사람이 없을 정도로 그의 설교 운동은 대단했다.[10]

---

8 최인화는 김익두의 부흥회 시 속기사로서 그의 설교를 편집하여 『김익두 설교집』(서울: 신문당, 1940)을 발간했다.
9 민경배, 『한국기독교회사』, 353.
10 정성구, 『한국교회 설교사』, 157.

김익두의 부흥회가 성공할 수 있었던 가장 중요한 비결은 그의 영감 있는 설교에 있었다. 양형표는 김익두의 부흥회가 대중적일 수 있었던 그의 설교 특징에 대해 다음과 같이 언급했다.

> **첫째**, 서민적 언어와 거칠고 원색적이고 직설적인 화법이다. 그의 설교는 세련됨은 없었지만 그만의 독창성이 있었으며 한국인들의 정서를 잘 이해하여 그들의 언어로 설교했다. 그리하여 사회적으로 소외된 계층에게 환영을 받았다.
> **둘째**, 내용이 성경적 이면서 의외로 단순하고 삶과 관련된 실제적인 설교였다.
> **셋째**, 재미있게 구사된 시청각 설교였다. 그는 자신의 경험이나 생활 속에서 일어나는 사건들을 시장터 언어를 사용하여 익살과 유머를 가지고 청중을 집중시켰다.
> **넷째**, 영과 삶으로 철저히 준비된 설교였다. 설교를 위하여 기도와 금식으로 준비하면서 설교했다.[11]

이러한 김익두의 부흥회 설교는 1910-30년대에 전국을 영적으로 소생하며 부흥하게 하는 선봉장이 되었다. 그리고 이러한 부흥설교는 순교자 주기철과, 부흥 운동의 계보를 놓았던 이성봉의 아름다운 출현이라는 열매를 거두게 되었다.

---

11 양연표, "김익두 목사의 부흥회와 그 특성," 「신학지남」 통권 제322호(2015. 봄), 190-94.

둘째, 백성을 위로하는 목양설교이다.

김익두가 목회와 부흥 운동을 할 당시는 1920년부터 더욱 혹독한 일제의 강압적인 통치가 계속되고 있는 시점이었다. 이런 슬픔과 고통을 타개해 나갈 수 있는 출구는 거의 없어 보였다. 이때 가난하고 허탈해하고 소외당하고 버림받은 것 같은 민초들에게 한 가닥 소망과 희망을 준 것은 백성들을 감성적으로, 영적으로 위로하여 하나님께 나아가게 한 김익두의 목양설교이다. 주승중은 김익두의 목양설교에 관해 다음과 같이 언급했다.

> 그의 설교는 소외계층과 어두운 시대에 현 질서의 종말을 외쳤기에 가난하고 멸시받는 계층으로부터 대단한 환영을 받았다. … 그의 희망의 메시지는 당 시대에 소망의 산실이었고 침체의 늪으로 내려가고 있던 한국교회의 역동이었다. 그는 부흥회를 인도하면서 많은 병자를 치유하는 이적을 나타내는 활동(설교)을 하였기에 절망 가운데 빠져 있던 한민족의 심성에 한 줄기의 소망을 전했다.[12]

김익두의 목양설교 초점은 "고생 후에 낙이 온다"[13]는 위로의 메시지를 가지고 천국에 대한 소망, 긍정, 희망의 주제로 도탄에 빠진 백성을 위로하고 격려하는 메시지를 증거했다. 비운의 시대를 살아가고 있었던 백성들에게 굳세게 살아갈 힘과 용기를 북돋아 주었기에 김익두의 설교는 그 당시 회중에게 잘 스며들어서 그의 설교가 폭넓게 받아들여졌다.

---

12 주승중, "김익두," 『설교학 사전』, 394.
13 민경배, 『한국기독교회사』, 355.

셋째, 교훈적(didactic) 설교이다.

김익두는 성령 운동을 주도한 부흥사이다. 그러므로 그의 설교는 오직 성령, 부흥, 말세 등의 부흥회적인 주제들만을 설교했을 것이라 추측이 되지만 사실은 전혀 다르다. 그는 부흥 운동을 주도했지만 교회에서의 말씀과 기도를 통한 균형 잡힌 일상적인 신앙생활을 강조했다. 즉 기도, 말씀, 주일성수, 십일조, 계명의 준수, 흡연과 음주를 배격하는 청교도적인 경건의 삶, 교인의 의무 등 신자의 신앙생활에 필요한 중요 교리들을 설교했다. 게다가 비복음적인 신앙생활의 요소들인 "사회적인 부패, 미신의 타파와 잘못된 신자의 습관과 관습"[14] 등에 관해서도 올바르고 철저하게 회중에게 가르치고 설교했다.

김익두의 설교를 네 가지 설교 목적에 따라 분류해 보면 의외로 "교리적(교훈적)인 설교가 50%를 차지했다."[15] 최인화는 김익두의 대표적인 교훈적 설교인 "좁은 문으로 돌아가라"(마 7:13-14)를 다음과 같이 소개했다.

> 교회 안에는 권리가 없습니다. 세상의 부가 없습니다. 세상의 영화가 없습니다. 그러므로 교회에 들어오는 길은 너무나 좁습니다. 교회에 들어오면 담배와 술을 먹을 수 없고 따라서 첩을 두지 못하니 그 길이 좁습니다. 교회 밖에는 길이 넓을 것입니다. … 영원히 사는 길은 교회의 좁은 문을 통과하고야 되는 것입니다. 교회를 통과하는 길은 좁은 길입니다.[16]

14　SungHyun Cho, "Toward A Model of Pastoral Preaching," 48.
15　주승중, "김익두," 『설교학 사전』, 395.
16　최인화 편, 『김익두 목사 설교집』(서울: 신문당, 昭和 15년), 정성구, 『한국교회 설교

이러한 설교는 그 당시 불신자와 신자를 구분해 주는, 그리스도인으로서 살아야 할 기독교 윤리적인 방향성이었다. 그러나 이러한 교리적이고 윤리적인 지침과 설교는 초대 그리스도인들이 불신자와 사회로부터 배척과 핍박을 받을 만한 요소였지만, 역설적으로 교회가 더욱 순수해지고 성숙해지면서 부흥하는 원동력이 되었다.

김익두 부흥설교의 그늘로는 그의 설교가 너무 "금욕적이고 율법적이며"[17] 엄격한 청교도적이라는 비판과 지적이 있다. 그러나 이는 그 당시의 상황을 고려해 보면 그때는 한국교회의 기초석을 확립하려는 시기이기에 이해할 만한 면도 있다.

4. 김익두 설교[18]에 대한 분석

김익두의 대표적인 부흥회 설교 중의 하나는 "믿음"(히 11:1)이라는 제목의 설교이다. 이 설교를 간략하게 살펴보고 현대 설교학의 관점에서 몇 가지로 분석해 보자.

사』, 161에서 재인용.
17 양연표, "김익두 목사의 부흥회와 그 특성," 「신학지남」, 193.
18 김익두와 함께 동거동락(同居同樂)하며 그의 그림자와 같이 동행하면서 복음사역을 돕던 한태선 장로(김익두 말년의 개인비서 -필자 주)의 증언에 의하면 김익두 목사의 순교 후 1·4후퇴로 월남할 때에 150편의 설교 원고를 땅 속에 묻어 두고 왔다고 한다. 한춘근, 『죽지 않는 순교자 김익두』(서울: 성서신학서원, 1993), 232를 보라.

믿음이란 무엇입니까?

오늘의 사건대로 믿음은 바라는 것들의 실상이요 보지 못하는 것들의 증거이었습니다. 그러므로 오늘 이 믿음을 몇 가지로 나누어서 생각해 보기로 하겠습니다.

첫째, 그 속에 거짓이 없는 것이어야 합니다. … 거짓이 있는 믿음은 불안하고 안절부절하고 허둥지둥하게 됩니다. 불안한 심령, 안절부절한 교인, 허둥지둥하는 생활은 거짓이 있는 신앙이기 때문입니다. 거짓이 있는 신앙은 천국과 지옥이 섞여 있기 때문에 천당에 대한 확신이 없습니다. …

둘째, 믿음은 진실해야 합니다. 진실하지 않은 신앙은 하나님이 믿어 주지 않습니다. 성경처럼 진실한 것은 없습니다. 하나님은 진실이기 때문입니다. 그래서 그리스도는 진실로 진실로 내가 너희에게 이르노니 하면서 진실을 강조하였습니다. …

셋째, 믿음은 행동이어야 합니다. 믿음은 바라는 것들의 증거이니 믿음에는 증거가 있어야 합니다.

믿음의 증거는 무엇입니까?

그것은 사랑입니다. 사랑이 없는 믿음은 믿음이 아닙니다. 믿음은 마귀도 있기 때문입니다. 마귀에게는 믿음은 있으나 사랑이 없습니다. 그러므로 사랑이 없는 믿음은 마귀 믿음이 됩니다. …

사랑으로 기도하십시요!

반신불수가 일어납니다.

문둥이의 고름을 빨아 보십시요!

나환자가 깨끗해 질 것입니다.

믿음은 사다리이지만 사랑은 영주권입니다. 천당에는 믿음도 소망도 없으나 사랑만이 있습니다. 사랑만이 영주권이기 때문입니다. …
넷째, 믿음은 확신입니다. 믿음은 환상이요 환상은 사실입니다. 이오니아 해상에서 바울이 환상을 보았으나 그 환상은 사실로 역사화 하였습니다. 바다 위에서 본 환상은 로마성에서 그대로 재연되었습니다. 믿으면 믿는 대로 형상화합니다. 안 믿으면 안 믿는 대로 이루어집니다. … 믿음은 보지 못하는 것들의 실상입니다. 받은 줄로 믿으면 이미 앞에 와 있고 온 줄로 믿으면 벌써 뒤에 와 있습니다. 기도는 올라가는 것이지만 믿음은 내려오는 것입니다. 기도할 때 응답이 오는 것이 아니라 믿을 때 응답이 옵니다. 백번 기도하여도 믿지 아니하면 응답은 없습니다. 기도의 올라가는 파이프와 응답의 내려오는 파이프가 따로 있습니다. 믿을 때 믿는 대로 됩니다.[19]

첫째, 목적과 주제 면에서 본 설교는 기독교 믿음을 확실하게 강화시켜 줄 목적으로 설교한 교훈적 설교(didactic preaching)로 분류된다. 히브리서 11:1[20]을 근거로 '믿음'이라는 주제를 여러 각도에서 나열하고 있다.

둘째, 설교의 유형과 전개 형태로 본 설교는 주제설교의 형태를 띠고 있다. 주제설교의 강점인 설교자의 주관을 가지고 믿음의 특성에

---

19 본 설교는 1933년 5월 19일부터 새문안교회에서 김익두를 모시고 부흥회 설교한 내용이다. 한춘근, 『새롭게 하소서: 순교자 김익두 목사의 일생』(서울: 목회자료사, 1987), 327-33을 보라.
20 "믿음은 바라는 것들의 실상이요 보이지 않는 것들의 증거니"(히 11:1)

대해 설명하고 있다. 주제설교에서 보편적으로 사용하는 삼대지가 아니라 사대지로 전개하고 있다.

그러나 주제설교가 삶의 장(場)이나 설교자의 의도성을 가지기에 비성경적인 설교의 위험성이 이번 설교에도 여실히 드러나 있다. 믿음에 대해 설명하면서 다음과 같은 대지로 설교한다.

① 그 속에 거짓이 없는 것이어야 합니다.
② 믿음은 진실해야 합니다.
③ 믿음은 행동이어야 합니다.
④ 믿음은 확신입니다.

이 중에서 "믿음은 확신입니다"라는 네 번째 대지는 본문에 근거한 내용이지만, 나머지 3개의 대지는 본문과 상관없이 설교자의 경험과 의도대로 진행되었다.

셋째, 구조 면에서 본 설교의 서론은 회중과 처음으로 소통할 수 있는 중요한 시간이다. 그러나 본 설교는 서론에서는 비가 오자 비를 멈추게 해달라는 기도로 인해 비가 멈추자 예배당을 떠나려는 성도들에게 믿음 없는 성도들이라고 책망을 하면서 '믿음'에 관한 설교가 시작된다. 신기하게도 믿음을 강조하도록 상황과 본문이 절묘하게 맞아 떨어졌다.

그러나 서론에서 성경 본문(히 11:1)을 봉독하고 "오늘 말씀의 제목은 '믿음'입니다"라고 하는 대목은 너무 연역적이다. 그리고 본론은 믿음의 네 가지 정의에 대해 예화를 들면서 진행되었고, 특별한 결론

없이 통성기도로 설교가 마쳐졌다. 부흥회 설교답게 현장감 있는 설교이고 회중이 은혜를 경험했을 것이지만, 설교의 구성이 균형 있게 진행되지는 않았다.

넷째, 사용된 자료 면에서 본 설교는 히브리서 11:1의 내용을 근간으로 설교하고 있지만 성경 구절에 대한 인용은 대지에 맞추어서 디모데전서 1:5, 마태복음 5:7, 요한계시록 21:21뿐이다. 그리고 상당히 많은 예화가 설교 내용 중에 삽입되었다.

"길거리에서 사랑의 마음을 가지고 사람을 붙들고 우니 예수를 믿었다."

"전신불수를 치유했는데 반신불수를 치유하기 전에 의심이 들었다."

"어머니가 성경 보게 해달라고 기도했더니 성경을 보았다."

이러한 예화는 상당히 마음에 감동이 된다. 그러나 본 설교는 예화가 중심이 되어서 설교가 전개되는 모습이 보인다.

다섯째, 언어와 적용 면에서 볼 때, 본 설교에서 김익두의 언어 사용은 참으로 서민적이면서 효과적인 설교의 소통이 무엇인지를 명확하게 보여 준다.

"믿음은 사다리이지만 사랑은 영주권입니다. 천당에는 믿음도 소망도 없으나 사랑만이 있습니다. 사랑만이 영주권이기 때문입니다."

"싸늘한 믿음만 가지고서는 죽었던 송장이 부활하지 아니합니다. 뜨거운 동맥의 사랑이 끓어오를 때 이적이 나타납니다."

"믿음은 보지 못하는 것들의 실상입니다. 받은 줄로 믿으면 이미 앞에 와 있고 온 줄로 믿으면 벌써 뒤에 와 있습니다."

"기도할 때 응답이 오는 것이 아니라 믿을 때 응답이 옵니다."

이것들은 평범하지만 상상도 못할 정도의 언어적 마술사와 같은 표현이다. 현대 설교자들도 감히 흉내 내지 못할 정도의 천재적인 설교 언어의 사용이다. 그러나 "하나님을 깔보았습니까?"와 같은 표현은 너무 저속하다.

전체적으로 볼 때, 서민적이고 직접적인 소통의 언어를 가지고 부흥회가 진행되면서 선포된 본 설교에 회중은 감동과 은혜를 깊이 경험했을 것이다. 특히 직접적인 언어의 소통과 현장감 있는 예화는 마치 드라마를 보는 것과 같은 시각적 효과를 자아내고 있다.

그러나 본문보다 설교자가 더 드러나면서 설교자의 주관과 의도대로 설교가 진행되는 비성경적인 설교의 모습은 초기 설교자들의 전체적인 설교 유형이지만 매우 아쉬운 부분이다. 그럼에도 불구하고 본 설교는 현장에서 설교를 듣는 회중에게 큰 감동과 은혜를 깊이 경험하게 한 설교였다.

5. 나가는 말

김익두는 일제 강점기에 참혹한 시련과 환란의 시대에 그 당시 사람들에게 부흥성회와 목양설교를 통해 희망을 준 위대한 부흥사요, 위로의 선물을 전달한 훌륭한 목양설교자이다. 김익두의 설교에는 들리는 설교, 위로와 소망을 주는 설교, 회중의 눈높이를 맞춘 설교 등 많은 수식어를 붙일 수 있다.

그러나 가장 중요한, 김익두 설교의 진수를 말한다면 '영성 있는 설교'이다. 한 번의 설교를 위하여 수없이 많은 기도와 금식으로 준비한 설교는 현대의 설교자들에게 큰 울림을 주고 있다. 설교를 잘하는 것도 중요하지만, 영감 있는 설교, 영적 진리가 '영'으로 전달되는 설교를 회중은 지금도 갈구하고 있다. 이에 더 이상 김익두의 설교를 청취할 수 없지만 그의 설교 정신(ethos)이 현대의 설교자들에게 영원히 기억되기를 소망한다.

제4장

김화식 목사의 설교 세계
상상력이 있는 성경적 설교

김화식 목사(1894-1947)

1. 들어가는 말

이 세상에 완벽함이란 존재하지 않는다. 그러나 한국교회사에서 완벽에 가까운 위대한 설교자를 언급하라면 한 분을 과감하게 추천할 수 있다. 바로 김화식(金化湜, 1894-1947)이다. 그에 대해 과하게 칭찬한다면 단점이 없는 것이 단점이라고 평할 수 있다.

성경과 시사와 동서양의 역사를 비롯하여, 문학적인 설교와 상상력을 불러일으키며 설교의 지평을 수놓은, 한국교회의 설교 모델이며 독보적인 아름다운 설교가인 김화식의 설교 세계를 여행해 보자.

2. 김화식의 생애와 사역

김화식은 1894년 평남 숙천에서 한국 기독교 초대 교인이었던 김찬성 목사의 장자로 태어났다. 그의 아버지는 1909년 평양신학교를 제2회로 졸업했고 목사안수를 받은 후 각지로 다니면서 전도 활동을 했기 때문에 김화식은 경제적으로 어려운 어린 시절을 보냈다.[1]

3·1 운동 때에는 부자(父子)가 함께 독립 운동을 하다가 투옥되었다. 서대문수용소에서 전도하여 이원영 목사 외 여러 사람이 구도하기에 이르렀다. 김화식은 몸은 약하나 의지는 강했고 총명했다.[2]

---

1   주승중, "김화식,"『설교학 사전』, 395.
2   김린서,『한국교회 순교사와 그 설교집』(부산: 신앙생활사, 1962), 188.

김화식은 숭실중학교를 고학으로 졸업하고, 1927년 평양신학교를 제22회로 졸업했다. 그는 목사가 된 후에는 안주 동북교회와 평북 웅주 양시교회에서 시무했고, 해방 후에는 평양 장대현교회를 담임하기도 했다. 그가 1936년부터 평양 창동교회 목사로 시무하면서 명성이 높아지기 시작했는데, 그때를 즈음하여 주기철 목사와 이유택 목사와 함께 기도의 동지 또는 신앙의 동지로서 신사참배를 반대하는 데 앞장서기도 했다. 김화식은 해방 후에 기독교적 이념의 실현을 위해 정치 활동에 나섰다. 1945년 11월 초에 여러 교회의 지도자들과 함께 기독교자유당의 정강을 작성하고 그 발족을 서둘렀다. 그는 남북통일의 정부 수립이 있을 것을 예상하고 민주주의 정부 수립을 확보하기 위해 기독교적인 기반의 강력한 민주주의 정당 조직을 만들려고 했다. 그러나 여러 가지 어려움으로 당 조직은 실현하지 못했고, 다수의 동지와 함께 기독교자유당의 결성을 준비하다가, 이 사실이 공산당에 누설되어 체포되고 말았다.[3]

이때 검거된 김화식 이하 40여 명의 교회 지도자들은 거의 옥사하거나 행방불명이 되었다. 일설에 의하면 김화식은 이 때에 검거된 후 북한 땅 어느 탄광에서 강제 노동의 고초를 당하던 중 살해되었다는 소식이 있으나 분명치 않다. 그러나 순교했다는 사실만큼은 분명하다.[4]

---

[3] 주승중, "김화식," 『설교학 사전』, 395-96. 그의 순교 년도가 분명치 않음으로 1947년 혹은 1948년으로 각각 자료들에 따라 다르게 기록되었다. 『기독교 대백과사전』에서는 1947년으로 명시하고 있다. 기독교대백과사전 편찬위원회, "김화식," 『기독교 대백과사전』 제3권 (서울: 기독교문사, 1981), 319을 보라.

[4] 주승중, "김화식," 『설교학 사전』, 396.

3. 김화식의 설교 특징들

『김화식 목사 설교집』을 펴낸 김린서는 김화식의 설교에 대해 다음과 같이 기술했다.

> 길선주 목사님은 한국의 부흥사였습니다. 최봉석 목사님은 예수천당의 복음으로 전도한 한국의 전도자였습니다. 주기철 목사님은 한국의 순교자입니다. 그런데 김화식 목사님은 한국의 설교자라고 하겠습니다. 김 목사님의 설교에는 마음을 감싸는 어머님의 감화력이 있습니다. 김 목사님의 설교에는 실천적인 위력이 있습니다.[5]

김화식의 설교가 그 당시 여러 설교자 중에서 탁월하다는 반증이다. 김화식의 설교를 연구하는 데는 그의 설교집 두 권과 빌립보서 강해서 밖에 없지만, 그의 설교 내용과 전달력은 한국교회사에 있어서 대표적인 뛰어난 설교자임에는 틀림없다. 정성구는 김화식을 "한국교회의 스펄전"[6]이라고 명명했다. 그의 설교 특징들을 살펴보자.

첫째, 성경 중심적 설교이다.

존 스토트(John Stott)는 그의 저작 『현대교회와 설교』(*Between Two World*)에서 설교에 대해 정의하기를 "설교란 다리 놓기(bridge building)이

---

5 김린서, 『김화식 목사 설교집』 제1집 (서울: 기독교문사, 1974), 3.
6 정성구, 『한국교회 설교사』, 262.

다"⁷라고 했다. 즉 설교란 본문(text)과 상황(context)을 잘 연결해 주는 영적인 다리이며, 본문성과 현장성이라는 두 가지 요소를 가져야 한다는 것을 의미한다. 이는 가장 성경 중심적인 설교를 잘 표현해 주는 명구이다. 바로 김화식의 설교가 이런 성경적 설교이다.

김화식은 성경 본문으로부터 대지를 추출한 대지설교이지만, 본문을 중심으로 논리적으로, 조직적으로 설교를 전개해 나갔으며, 예화를 사용해도 성경적으로 곧바로 연결해 나가 본문과 상황을 균형 있게 배려하는 성경 중심적 설교였다. 김린서는 김화식의 성경 중심적 설교를 다음과 같이 묘사했다.

> 김 목사님의 설교는 성경적입니다. 그래서 그의 설교는 시대를 타지 않는 특성을 가졌습니다. 어언 30-40년이 흘렀지만 오늘도 그분의 설교는 우리 현실에 적용되는 싱싱한 맛이 있습니다. 그가 훌륭한 설교를 할 수 있었던 것은 성경을 읽는 생활을 하였기 때문입니다.
>
> 그는 말하기를 "나는 매일 자는 시간과 성경을 읽는 시간이 제일 많습니다. 이전에 농촌 교회에서 일 볼 때에는 성경 읽는 시간이 많았으나 이제 큰 교회에서 일을 보면서 매일 십 명 이상의 손님과 교제하고 보니 성경 읽는 시간이 없게 됨을 몹시 애석히 생각합니다. 참으로 나는 성경을 많이 읽기 위하여 다시 자그마한 농촌교회로 돌아가고 싶습니다"고 했습니다.

---

7   John Stott, *Between Two World: The Challenge of Preaching Today* (Grand Rapids, MI: William B. Eerdans Publishing Company, 1982), 5.

이렇게 성경 말씀을 사모하는 김 목사님에게 하나님께서는 신령한 말씀의 능력을 주셨습니다. 그래서 김 목사님의 설교에는 항상 생명수가 흐르는 능력이 있었던 것입니다.[8]

그리하여 김화식은 "잠자는 시간과 성경 읽는 시간이 같아야 한다"[9]고 할 정도로 성경을 많이 읽고 설교가 성경 중심적으로 펼쳐 나감으로 많은 사람에게 감화와 감동을 주었고, 한국교회사에서 설득력이 있는 성경 중심적 설교의 모델이 되었다.

둘째, 신행일치(信行一致)를 강조하는 설교이다.

김화식이 설교하던 시대는 정치적인 소용돌이 가운데 있었기에 일반적으로 허무주의나 신비주의가 그 당시 한국교회에 횡행하던 시대였다. 그러나 이때 김화식은 성경(text)과 삶의 상황(context)을 연결하여 신앙의 생활화, 신앙과 삶의 일치를 설교를 통하여 주장했다.

그러므로 김화식의 설교는 '정적인 신앙의 삶'이 아니라, '동적인 신앙의 삶,' '신앙의 승리,' '신행일치'를 매우 중요하게 여겼다. 그는 "요셉의 신앙"(히 11:22)이란 설교에서 요셉을 신앙과 삶의 일치 모델로 삼고 설교했다.

요셉의 역사를 읽을 때에 기이한 것은 기도하였다든가 제단에 희생을 드렸단 말이 없습니다. 그러나 요셉은 그의 생애의 제물을 하나님께

---

8 김린서, 『김화식 목사 설교집』 제1집, 3-4.
9 이형근, 『한국교회 순교자』 (서울: 한국기독교순교자 유족회, 1992), 64.

드린 자입니다. 요셉은 아버지를 순종하여 형들에게 떡을 지고 갔다가 형들에게 모해를 당한 일이라든지 그가 보디발의 집에서 노예생활을 할 때나 성 문제 처리라든지 그가 수인(囚人)으로서 생활이라든지 그가 애굽과 이방을 위하여 한 일이라든지 특히 그가 형들을 만날 때 가진 태도에 있어 그는 도덕의 절정에 도달한 성인입니다. 요셉에게 종교와 도덕은 일치되었습니다.[10]

김화식의 설교는 신앙생활이란 단순히 이론적인 종교생활이 되어서는 안 되며, 신자가 생활과 삶의 한가운데서 거룩한 씨름을 해야 하는 '성스러운 전쟁'임을 암시하고 있었다.

셋째, 지성(知性)적, 시(詩)적, 전원(田園)적이며 상상력이 있는 설교이다.

김화식의 설교는 그 당시 지성인에게 대단히 환영을 받았다. 왜냐하면, 그의 설교에는 동서양의 역사적 사건이 있고, 고사와 자연을 통해서 하나님의 사랑을 느낄 수 있도록 전원적이고 아름다운 시(詩)가 있고, 문학적이며 회중이 잘 이해할 수 있는 설교였다. 김린서는 김화식의 지성적, 시적, 전원적 설교에 대해 다음과 같이 언급했다.

평양이 한국의 예루살렘인 시절에, 그러니까 한국교회가 수난을 당하는 시절입니다. 주기철 목사님은 산정현에서 외쳤고, 김화식 목사님은 창동에서 외쳤습니다. 주기철 목사님의 설교는 '일사각오' 즉 군사를

---

[10] 김린서, 『김화식 목사 설교집』 제1집, 54-55.

지휘하는 전투사령관다운 설교를 하였고, 김화식 목사님의 설교는 푸른 초장에 풀내음 나고 시냇물 소리가 들리는 목장에서 양을 치는 목자다운 설교를 하였습니다. 그런데 김 목사님의 설교에는 동서고금을 종횡무진하게 누비는 학(學)이 있습니다.[11]

김화식의 설교에서 다른 설교자와 차별성을 가지는 설교의 기술은 본문에 대한 풍부한 상상력(imagination)이다. 폴 스콧 윌슨(Paul Scott Wilson)은 『설교와 상상력』(Imagination of the Heart)에서 상상력은 머리와 가슴을 연결하는 장치이며, 믿음의 세계를 더 깊이 이해하게 만들어 주며, 본문의 말씀이 살아 있게(alive) 만드는 효과를 가져온다고 했다.[12]

아무튼 설교에 있어서 상상력은 본문의 말씀을 회중들에게 활짝 열어서 성경의 세계를 더 깊이 보게하는 역할을 하기에 상상력은 설교에서 대단히 중요하다. 이런 상상력의 기법을 일찍이 김화식이 사용했다는 점에서 그가 대단한 설교자라 여겨진다. 김화식의 상상력이 동원된 설교 중의 하나인 "부활하신 예수님을 명상하자"(롬 1:1-7)를 살펴보자.

예수님의 십자가에는 핍박과 능욕과 소란과 아우성이 있었고, 피와 땀과 아픔이 있었고, 낙망과 우려와 비애가 있었습니다. 천지가 캄캄하고 산이 찢어지고 초목이 근심빛을 띠었습니다. 그러나 부활하신 이날에는 새벽 햇빛이 유달리 선명하게 떠 올랐으며 무덤은 신비한 정숙

---

11 김린서, 『김화식 목사 설교집』 제1집, 3.
12 Paul Scott Wilson, *Imagination of the Heart: New Understandings in Preaching* (Nashville, TN: Abingdon Press, 1988), 16-17.

과 광채에 잠기었고 하늘에서는 천사가 날개를 치며 방문하였습니다. 무덤은 구주의 부활하신 영광의 몸을 전별(餞別)하기 위하여 문을 열었습니다. 눈물의 막달라 마리아와 낙망의 여러 여자들은 부활의 주님을 뵈옵고 새로운 소식을 제자들에게 전달하였습니다.

때는 분명히 양춘가절이 돌아오는 시절입니다. 종달새 노래하며 호랑나비 춤추는 시절이오. 와류생심(臥柳生心), 귀홍득의(歸鴻得意), 초목향양(草木向陽), 비충경동(飛蟲驚動) 어느 하나 부활을 상징치 않는 것이 없습니다.

그런데 어찌 인생만이 부활이 없겠습니까?

… 괴테의 파우스트에 파우스트가 독배를 마시고 자살을 하려 할 즈음에 부활주일에 울려나오는 찬송소리에 자살을 중지하고 희망을 붙잡았습니다. 만일 부활이 없다면 인생은 적막합니다. … 인생에는 비애가 많습니다. 병이 있고 재앙이 있고 유혹이 있고 최후에 죽음이 있고 사랑하는 자를 이별하며 친구를 잃습니다.

만약 부활이 없다면 인생보다 더 적막한 자 어디 있겠습니까?[13]

넷째, 탁월한 논리성과 전달력이 있는 설교이다.

설교는 은혜로움과 더불어서 불타는 논리가 있어야 회중에게 잘 전달이 된다. 그러므로 탄탄한 구성력을 갖지 않으면 안 된다. 또한, "설교란 설교자가 회중에게 전하는 진리의 커뮤니케이션"[14]이기 때문에 설교의 내용과 함께 좋은 전달력은 설교를 풍성케 한다.

---

13 김린서, 『김화식 목사 설교집』 제1집, 63-65.
14 Phillips Brooks, *Lecture on Preaching* (Grand Rapids, MI: Baker Book House, 1877), 5.

이에 김화식은 설교가 무엇인지를 잘 아는 설교자이다. 그의 서론과 본론과 결론에 이르는 치밀한 구성력과 논리성, 메시지의 선명성, 감화력, 음성의 고저강약을 적절히 구사할 수 있는 전달의 능력과 회중 분석력 또한 뛰어난 설교자였다.

김화식의 언어적 전달력은 음성의 적절한 사용을 통하여 설교가 절정에 이르도록 하면서 회중이 설교에 몰입할 수 있도록 했다. 특별히 서론에서 회중이 설교를 들을 수 있도록 강한 흡인력이 있었다. 그의 "참 제자의 도"(마 10:34-39)란 설교를 보자.

> 사제의 도(道)가 끊어진 오늘날에 처하여, 참제자를 논하기 자못 곤난하며, 또한 이해자를 얻기 더욱 어려운 일입니다. 공자에게 3천의 제자가 있었으나, 유사(類似)한 제자가 70에 불과하였고, 황매산하인대사처(黃梅山下忍大師處)에 700웅도(雄徒)가 집회하였지마는 법(法)을 얻어 가지고 돌아간 자는 혜능(慧能) 한 사람뿐이었습니다. 대개 선생도 얻기 어려우려니와 참제자도 또한 얻기 어렵습니다. 그러나 우리는 치견(痴見)과 멸식(蔑識)을 버리고, 순진한 마음으로 예수께 나아가면 참제자가 될 줄 압니다. 이제 예수님의 참제자가 되는 방도(方道)를 몇 가지로 설명하겠습니다.[15]

김화식의 설교는 반세기를 훨씬 넘은 설교들이지만 시대를 뛰어넘는 설교의 탁월함이 있는 한국교회의 독보적인 설교자이다. 정성구는 김

---

15 김린서, 『김화식 목사 설교집』 제1집, 146-47.

화식 설교의 영향을 잘 이어받은 설교자로 한경직을 언급한다.

> 한경직 목사의 설교는 독자적이다. 그리고 그의 탁월한 웅변술과 경건한 삶 그리고 복음의 영성이 합해서 그러한 설교 스타일이 나왔을 것이다. 그러나 당대의 거장이었던 김화식 목사의 영향을 많이 받았을 것이라고 확신 한다.[16]

김화식의 성경 중심적인 설교, 신행일치의 설교, 지성적이고 시적이고 전원적이며 상상력이 있는 설교, 탁월한 논리성과 전달력이 있는 설교는 현재와 앞으로의 설교자들에게 귀한 설교 모델과 디딤돌이 될 것이다.

4. 나가는 말

김화식의 일생은 고통과 아픔의 시간으로 마쳤지만 그의 아름다운 설교는 많은 설교자에게 길이길이 도전이 된다. 김화식의 설교는 시적이고 문학적이며, 상상력의 날개를 달고서도 본문을 벗어나지 않았다. 그의 설교는 한국 설교사에 독보적인 위치를 차지하기에 부족하지 않았다.

---

[16] 정성구, "한경직의 설교를 논함," 「목회와 신학」 1992년 7월호, 202.

성경은 가장 핵심적인 것만 기록한 아주 경제적인 책으로 본다면, 성경 본문과 본문 사이에 있는 행간(行間)을 읽는 능력은 상상력이 없으면 불가능하다. 현대는 감성의 시대인 포스트모던 시대이다. 이때 상상력이 돋우어지는 설교가 강단에서 빛을 발할 수 있다. 이러한 아름다운 설교가 한국교회에서 출현하기를 기대해 본다.

제5장

이용도 목사의 설교 세계
그리스도 신비주의 설교

이용도 목사(1901-1933)

1. 들어가는 말

초기 선교사들이 복음을 조선 땅에 전해 준 후 이 땅에 어려움이 없었던 것은 아니지만, 그래도 초기 한국교회는 어려운 가운데서도 순항을 하고 있었다. 그러나 1930년대 전후로 한국 사회의 정치, 경제, 사회, 문화를 비롯하여 한국교회에 큰 위기 상황들이 도출되었다. 복음이 전해진 지 반세기도 안 되는 어린 한국교회는 감당하기 어려운 위기들을 안고 있었다.

위기는 인물을 만들어 내듯이 고난의 1930년 전후에 이용도(李龍道, 1901-1933)라는 비범한 한 인물이 등장하여 상당한 파장과 영적 영향력을 한국교회에 주었다.

2. 이용도의 생애와 사역

이용도는 1901년 4월 황해도 금천(金川)군 서천면에서 빈농 이덕흥(李德興)의 셋째 아들로 태어났다. 아버지는 술고래였지만 신앙이 좋은 어머니 밑에서 신앙을 배우며 자랐다. 그는 어려서부터 병약한 체질에 정이 많은 아이였다. 개성에 있는 한영서원(송도고보의 전신)에 다닐 때 3·1 운동에 적극 가담해 2년간 감옥살이는 했고, 그 후 협성신학교에 들어가 공부하는 도중에 각혈(2학년 때)을 하는 폐병 3기의 위험한 지경에 이르렀다. 병을 치료하기 위해 그는 친구 이환신의 고향 평남 강동(江東)으로 내려갔다. 거기서 이용도는 일생을 결정짓는 경험을 하게 되었다. 신학생이 왔다는 말을 들은 작은 교회에서 이용도에게 부흥회를 인도해 달라고 청하여 그는 강단에 서게 되었는데 그의 눈에는 눈물이 줄줄 흘러 내렸다. 아무 말도 못하고 눈물만 흘리고 서 있는 그를 본 성도들도 따라서 같이 눈물을 흘렸다. 찬송을 불러도, 기도를 해도, 온통 눈물로 바다를 이뤄서 눈물의 홍수로 집회는 마감을 했다. 이 눈물의 집회는 그리스도의 사랑을 체험하는 계기가 되었다. 예수 그리스도에 관한 뜨거운 사랑에 감격하여 한 시대의 신비주의자로서 첫걸음이 시작되었다.[1]

이용도는 다른 신학생들에 비해 고민이 많은 사람이었다. 이용도의 설교와 집회에서 큰 은혜를 입은 바 있고 이용도 전집을 집필한 변종호는 그의 저작인 『이용도 목사전』에서 이용도의 신학 시절의 고민을 다음과 같이 서술했다.

> 이용도의 신학교 재학 4년 동안에 그에게는 네 가지 고민이 있었다.
> **첫째**, 사상적 고민으로, 압제하고 있던 일제와 싸우고 싶었지만 사랑하라는 기독교의 계명 때문에 고민이 되었다.
> **둘째**, 이성과의 관계에서 생기는 연애의 고민이었다.
> **셋째**, 양심을 지키느라 학비 문제로, 허약해진 건강으로 인해, 빈곤과 병약함 때문에 생기는 고민이었다.
> **넷째**, 장래를 위한 고민이다. 주님의 양떼를 맡을 생각을 하니 고민이 되었다.

---

1   김인수, 『한국기독교회사』, 233.

이용도는 신학 공부 4년 동안 시종일관 고민의 생활이었다.[2]

이용도의 고민 중에 가장 으뜸 되는 고민은 "예수에게 미쳐야겠다" 그리고 "예수와의 합일"이었다. 바로 주님만 바라보고 주님과 하나 되는 고민이었다. 이러한 신앙적 열심은 그가 크게 영적으로 쓰임 받는 단초가 되었다.

이용도는 건강이 회복되어 신학교에 복학하고 졸업(1928년 1월 28일)을 하여 그해 강원도 통천(通川)에서 목회지를 지정받고 목회를 시작했다. 그는 목숨 걸고 금식기도와 산상기도를 통하여 확실한 성령체험을 했다. 이러한 영적 신비는 감리교뿐만 아니라 교파를 초월하여 부흥회에 초청을 받았고 평양 장로교회의 본산인 장대현교회에서도 부흥회를 인도하여 큰 은혜의 집회가 되었다. 그러나 그의 부흥 운동에 대한 비판의 소리가 들려왔다. 광적인 신비주의, 성경 밖의 별(別) 계시 주장, 기성 교역자들에 대한 공격을 구실로 기성 교회 목회자들의 미움을 받기에 이르렀다. 이에 대해 이용도 자신이 공격의 빌미를 제공한 부분이 많았다. 마침내 1932년 제22차 조선예수교장로회 총회에서 이용도를 이단으로 정죄하고 장로교 내에 출입을 봉쇄했다. 감리교에서도 휴직 처분을 내렸다. 이로써 이용도의 사경회는 종말을 맞게 되었다. 이용도는 병이 짙어 결국 1933년 10월 2일, 33세의 젊은 나이에 세상을 떠났다.[3]

---

2 변종호, 『이용도 목사전』 (서울: 심우원, 1958), 21-23.
3 김인수, 『한국기독교회사』, 234-36.

그러나 다행히도 1998년 기독교대한감리교회 서울연회는 이용도의 신학, 설교, 가르침, 사역에서 전혀 이단적이거나 잘못된 내용이 없음을 확인하고 그의 모든 직위를 뒤늦게나마 복권했다.[4]

이용도가 자신이 그토록 흠모하고 사모했으며 열정적으로 사랑했던 예수님과 공교롭게도 같은 나이에 운명을 한 것은 시사하는 바가 크다. 1930년대 전후의 5년간의 짧은 그의 신비주의적 사역과 부흥회는 그 시대뿐만 아니라 지금까지도 한국교회의 영적 운동에 끼치는 영향이 적지 않다 하겠다.

3. 이용도의 설교 특징들

이용도의 설교는 초기 선교사들의 설교 형태와 전혀 다른 양상을 띠고 있다. 또한, 그의 설교는 초기 한국교회의 부흥 운동을 이끌어 왔던 길선주, 김익두, 이성봉의 설교와도 크게 다르며 독특성이 있다. 신학교를 졸업한 후 5년 정도로 제한되어 있는 그의 설교 특징들을 살펴보자.

첫째, 그리스도 신비주의 설교이다.

길선주는 말세론을 강조하는 종말론적 설교로, 김익두는 이적과 치유와 은사가 충만한 부흥사로, '한국의 무디'(Korean Moody)라고 불리

---

4   김수천, 『이용도 목사의 삶과 영성』 (서울: KMC, 2015), 193.

는 이성봉은 회개와 구원에 기초한 사중복음의 대중적 부흥 설교자로 자리매김을 했다.

그러나 이들과 달리 이용도의 설교는 감정주의와 주관적인 체험주의에 근거한 신비주의 설교라는 독특성이 있다. 특별히 그의 설교는 "예수 그리스도와의 신비주의적 연합"[5]을 강조했다. 이용도의 전집을 출간한 변종호는 "주를 따르는 자는 강하라"(마 26:57-58)에서 그의 신비주의 설교를 다음과 같이 받아 적었다.

> 나는 어느 날 깊은 밤중에 예배당에서 혼자 기도를 하고 있었습니다. 한참 기도를 하는데 벽에 걸렸던 주님의 겟세마네 동산에서 기도하시는 모습이 나를 향하여 가까이 오더니 내 눈앞에 와서 멎어지는 것이었습니다. 나는 놀래어 그 그림을 자세히 보았습니다. 보니, 주님의 이마에서 붉은 피땀이 흐르고 두 눈에서는 눈물이 뚝뚝 떨어지는 것이었습니다. 나는 잠깐 동안 보다가 그 광경이 하도 끔찍하여 머리를 푹 숙인 후 다시 듣지 못하고 울기만 했습니다.[6]

이용도의 신비주의 설교의 특징은 예수의 삶에서 중요한 핵심적 요소를 '고'(苦)로 보았다는 점이다. 그리고 고난과 아픔을 당하신 그리스도와 자신을 동일시(同一視)했으며, 그리스도와 합일(合一)하여 예수와 함께하는 삶을 설교에서 강조했다. 즉 그리스도와 합일을 통한 신

---

5 Unyong Kim, "Faith Comes From Hearing," 30.
6 변종호 편, 『이용도 목사 전집 제3권 저술집』 (서울: 장안문화, 2004), 45.

비주의적 설교가 이용도의 가장 중요한 설교사상 중의 하나이다.

이 신비주의 설교를 가능하게 하는 것은 그의 간절하고 깊이 있는 '기도'였다. 이용도는 집회 중에서도 기도를 종종 강조했으며, 기도와 눈물로 설교를 대신할 때도 있을 정도였다. 그에게 있어서 기도는 신비주의 설교로 통하는 통로였다. 이용도는 그의 서간문에서 다음과 같이 기도의 중요성을 설파했다.

> 기도가 없을 때 나의 영은 괴로운 때입니다. 밥이 없어 괴로움이 아니요, 옷이 없어 괴로움이 아닙니다. 다만 기도가 없는 그것만이 나의 괴로움입니다. 왜 그런고 하니, 기도 그것이 나의 기쁨인 까닭입니다. … 기도는 나의 생명이요, 나의 운동이올시다. 기도보다 더 큰일이 없는 것 같습니다. … 나의 중심에 기도가 없으면 나의 영은 신랑과 만나는 밀실을 갖지 못하고 쫓겨난 신부와 같습니다. 오 주여, 기도할 수 있게 해 주옵소서.[7]

이러한 이용도의 신비주의 설교에 대해 두 가지 큰 의견이 있다. 하나는 긍정성으로서 "설교강단에서 아무 말 없이 기도하고 눈물을 흘리는 설교는 그 당시 그가 취할 수 있었던 신앙의 내면화였다"[8]는 점이다. 그러나 다른 하나는 부정성으로서 "이러한 그의 신비주의 설교로

---

[7] 변종호 편, 『이용도 목사 전집 제1권 서간집』 (서울: 장안문화, 2004), 106-7.
[8] 김운용, "용도가 울기 시작했다: 1930년 전후 이용도 목사의 부흥설교에 대한 연구," 「신학과 실천」 48 (2016), 80.

인하여 이단 논쟁에 항상 휘말리게 되었다"⁹는 점이다.

그럼에도 불구하고 절망과 실의에 빠져 있는 그 당시의 신자들에게 깊은 감동과 위안을 주는 설교였음을 부인할 수 없다. 이러한 그의 신비주의 설교는 후대의 신비주의적 부흥 운동에 적지 않은 영향을 미쳤다.

둘째, 무형식의 자유스런 설교이다.

이용도의 설교는 초기 선교사들이나 초기 한국 설교자들과 아주 다른 형태로 설교했다. 구성에 있어서 형식과 틀이 없고, 전달도 자유롭게 했으며, 설교 시간도 종잡을 수 없을 정도로 시간의 제약을 전혀 받지 않았다. 즉 그의 설교는 즉흥적이었고, 영적이었으며, 직관적인 설교였다. 주승중은 이용도의 비형식 설교를 다음과 같이 묘사했다.

> 기도를 드려 보아 주님의 지시에 의해서만 어느 곳의 집회를 가고 안 가는 것을 결정하였다. 설교 준비를 하지 않고 오직 기도하다가 강단에 나설 때 주님께서 하시는 말씀만 한다. 그래서 설교 원고는 없다. 설교의 제목은 말하지 않고, 시간의 제약도 받지 않고 설교를 10분 만에 단축해서 끝내기도 하고, 7시간을 계속해서 설교하기도 하고, 기도를 24시간 계속하기도 한다. … 그에게는 설교의 구상이나 준비나 계획은 없었다. 그는 자기 생각으로 설교를 준비하는 일이 없으므로 대지, 소지도 없었다. 그의 문장은 세련되지도 않았고 논리가 있지도 않았다. … 그의 설교는 그의 땀, 눈물, 주님의 사랑, 성령님의 역사 등이 합쳐져서 발하는 하늘의 음성이었다.¹⁰

---

9 SungHyun Cho, "Toward A Model of Pastoral Preaching," 49.
10 주승중, "이용도," 『설교학 사전』, 499-50.

이용도의 설교를 현대 설교학적으로 논한다면 논할 수 있는 여지가 전혀 없다. '비형식의 형식'이기 때문이다. 그러나 그의 독특한 설교 방법은 그 당시 회중에게 호불호(好不好)가 분명했다. 그러나 고난의 시대를 살아가는 그 당시의 신자들에게 큰 도전과 감동을 선사했음에는 틀림없을 것이다.

셋째, 기성 교회를 강력하게 비판하는 예언적 설교이다.

이용도의 부흥회 대상은 신자나 불신자 모두를 포함하고 있었지만, 특히 기존 신자들이 주님 앞에서 올바른 신앙생활을 해야 한다는 '신자의 경성(傾城)'을 강조했다. 일제 시대에 고통 속에서 살아가는 회중에게 위로나 위안보다는 주님을 온전히 따라가기 위하여 '회개'를 해야 한다는 점에 초점을 맞추었다. 그는 목회자와 평신도를 모두 비판하는 예언적 설교를 했다. 1927년 5월 2일과 1931년 8월 20일에 쓴 일기에서 이용도의 외침을 들어 보자.

> 조선교회에는 지금 부흥이 있어야겠다. 왜 부흥이 필요한고 하니, 조선교회는 점점 무력해 간다. 점점 속화되어 간다. … 지금 우리 교회에 자기의 죄를 자복하고 회개하는 일이 없어진 지 오래되었습니다. 이것이 교회가 진흥치 못하는 한 큰 원인인 것입니다. … 선천, 그 이름은 이미 높은 바 있었다마는 그 실상은 어떠한고, 이 굳고 교만한 선천이여, 목사로부터 평신도까지 다 생명이 죽지 않았는가. 내 마음 심히 괴롭도다.[11]

---

[11] 변종호 편, 『이용도 목사 일기』 이용도목사 전집 제2권 (서울: 장안문화사, 2001), 36,

이용도는 더 나아가서 조선교회가 형식화 되어가며 피폐화 되어가는 모습을 보면서 "예수는 죽이고, 그 옷만 나누는 현대 교회여, 예수의 피는 버리고 살도 버리고 그 형식만 취하고, 양양자득(羊羊自得)하는 현대 교회여, 예수를 믿는 본의가 어디에 있느냐?"[12]고 기성 교회를 혹독하게 비판했다. 그의 절규를 다시 들어 보자.

> 아-- 이 조선교회의 영들을 살펴주소서. 머릿속에 교리와 신조만이 생명 없는 고목같이 앙상하게 뼈만 남았고, 저희들의 심령은 생명을 잃어 화석이 되었으니 저의 교리가 어찌 저희를 구원하며, 저희의 몸이 교회에 출입한다고 하여 그 영이 어찌 무슨 힘과 기쁨을 얻을 수 있아오리까.[13]

이러한 그의 기성 교회에 대한 비판은 그로 하여금 고난의 가시밭길을 걷도록 자초했으며 급기야는 이단 시비로 인하여 장로교단에서 이단으로 낙인 찍히고, 감리교단에서 휴직 처분을 받기까지 이르렀다. 그러나 조선교회에 대한 애정과 올곧은 신앙심에 기초한 그의 예언적 설교는 그 당시의 목회자들과 성도들에게 다시 한번 자신을 돌아볼 수 있는 기회가 되었으며 그 시대의 교회에 큰 울림을 주었음이 틀림없다.

이용도의 부흥회 설교에 대해 평하자면, 그 당시 경제적으로, 정신적으로, 영적으로 메말라 있던 심령들에게 열정적인 그의 설교는 생수를

198.
12 주승중, "이용도," 『설교학 사전』, 498.
13 김수천, 『이용도 목사의 삶과 영성』, 193.

붓는 것 같았다. 그러나 그는 그의 설교로 인해 여러 가지 부작용과 이단 시비의 빌미를 주었다. 유동식은 이용도의 설교에 대하여, "부흥회를 통해 회중에게 생기를 줄 수 있었다. 그러나 그가 회중에 대한 교육적 책임을 다하지 못하였음으로 혼란이 오게 되어 비난과 원성이 시작되었다"[14]고 했다.

기독교는 십자가와 부활이라는 두 기둥에 의해 지탱이 되는데, 이용도의 설교에는 오직 십자가만 등장하고 예수의 부활이 언급되지 않고, 오직 주관적인 체험과 신비만을 강조함으로 성경적 설교에서 멀어진 부분이 많아 참으로 아쉬움이 크다.

또한, 이용도 설교는 "은혜는 있지만 설교는 없다," 그리고 "주관만 있고 객관이 없는 설교다"라는 평을 받기도 한다. 그럼에도 불구하고 그의 1930년 전후로 행한 부흥회 설교는 한국교회의 영적인 부분에 큰 영향을 미쳤음을 누구도 부인할 수 없을 것이다.

4. 나가는 말

이용도의 설교는 그 당시 많은 시비를 가져왔고 이단으로 낙인 찍혔었지만, 한국교회에 경종을 울리는 중요한 시사점을 주었다. 교리만을 강조하는 교리주의와 전통만을 올곧게 주창하는, 바리새파적이고 화석화된 신앙의 부류에 다시 한번 '예수의 영성'이 무엇인지를 생각하

---

14 유동식, 『한국 신학의 광맥』, 130.

게 하는 부분이 분명히 있다. 특히 설교에 있어서 예수 그리스도께 온전히 사로잡혀서 설교를 할 수 있다면 이는 설교자와 회중에게 다시 한번 '영적 생기'를 불러일으킬 수 있을 것이다.

제6장

주기철 목사의 설교 세계
일사각오의 제자도를 강조한 설교

주기철 목사(1897-1944)

1. 들어가는 말

믿음의 삶을 잘 살고, 신앙의 절개를 가지고 일제의 총칼에 맞서서 대항하다가 순교의 영광에 도달한 여러 선조 중에 위대한 설교자를 뽑으라 한다면 주저 없이 소양(蘇羊) 주기철(朱基撤, 1897-1944)을 선택할 수 있다. 그의 삶과 목회 그리고 설교에 대해 김린서는 평하기를 "주 목사는 잘 믿었고, 잘 살았고, 또한 잘 싸웠고, 참 잘 죽었다"[1]고 평가함으로 이 귀한 분의 설교를 연구하는 데 참가치를 느끼게 한다.

2. 주기철의 생애와 사역

주기철은 1897년 경남 웅천에서 주현성 장로의 넷째 아들로 태어났다. 유년 시절 주기철은 몸이 다소 허약했지만 총명하여 귀여움을 받고 자랐고 서당에서 한문을 공부하기도 했다. 그는 웅천 개통학교를 거쳐 민족 교육의 산실인 오산학교에 입학하여 조만식, 이승훈, 이광수 선생 등의 감화를 받으며 성장했다. 그 후 남강 이승훈 선생의 권고로 연희전문학교 상과에 입학했으나 심한 안질로 더 이상 학업을 계속할 수 없어서 낙향했다. 청년 시절에 학업 중단으로 방황 기간을 거쳐 마산 문창교회에서 김익두 목사의 부흥회에 참석하여 목회자가 될 것을 결심하여 1922년 평양신학교에 입학하여 3년간 경건과 학문을 쌓

---

1 김린서, 『주기철 목사의 순교사와 설교집』 (서울: 대한기독교서회, 1959), 12.

은 후 1925년 제19회로 신학교를 졸업했다. 졸업 후 부산 초량교회에 위임목사로 부임하여 교회를 크게 부흥시켰으며 경남노회에 신사참배 반대 안을 제출하여 신사참배의 선두 지휘자가 되었다. 1931년 마산 문창교회로 사역지를 옮긴 후 교세를 확장시켰고 주일학교 교육을 강화했으며 신비주의 운동 등을 치리하는 것을 비롯하여 여러 사역으로 교회를 더욱 공고히 했다. 그 후 민족주의 총 본산이며 한국교회의 구심적 역할을 한 평양 산정현교회에 부임하여 더욱 강경하게 신사참배에 반대했다. 1938년 2월에 헌당예배를 앞두고 경찰에 검거되어, 5차례 7년 동안 감옥을 드나들며 일사각오로 일본의 우상과 싸웠다.[2]

주기철은 부산 초량교회에서 6년, 마산 문창교회에서 6년, 평양 산정현교회에서 6년, 도합 18년간의 목회생활을 하나님의 은혜로 잘 감당했다. 1944년 4월 21일 오후 9시 "내 영혼의 하나님이여 나를 붙드시옵소서"라고 외치는 소리에 감방이 크게 진동하므로 사람들이 모여 그의 얼굴을 들여다보니 그는 미소를 띠우며 숨을 거둔 상태였다. 주기철은 장기간의 고문과 고통 때문에 순교의 잔을 다 마시고 영원 안식에 들어갔다. 1968년 7월 9일 대한민국 정부에서는 교회와 민족을 죽기까지 사랑하다가 생명을 바친 주기철에게 애국선열의 한 사람으로 후대하는 결정을 내려, 지금 서울 동작동 국군묘지에 순교자 주기철 목사의 묘소가 자리 잡고 있다.[3]

주기철은 짧지만 하나님 나라의 영광을 구현하다가 멋있게 47세의 나이로 소천했지만 후대에 귀한 족적을 남겼다. 현재의 고난은 장차

---

2 주승중, "주기철," 『설교학 사전』, 501-3.
3 김광수, 『한국기독교 인물사』, 151-58.

앞으로 다가올 영광과 족히 비교할 수 없기에 주기철의 삶과 사역은 영원히 후세에 아름다운 발자국으로 남을 것이다.

3. 주기철의 설교 특징들

주기철은 목회의 일생을 살아가면서 책 한 권, 학위논문 한 편을 작성하지 않았지만, 그가 피를 토하듯 전한 설교들은 그의 설교사상을 논하기에 부족하지 않다.

주기철의 설교들은 대부분 그와 동시대를 살았던 김린서가 작성한 『주기철 목사의 순교사와 설교집』[4]을 통하여 잘 전해지고 있다. 칼빈의 설교 2,023편이 프랑스 난민인 드니 라그니에(Denis Raguenier)가 칼빈의 비서 겸 속기사로서 모든 설교를 잘 받아 적어서 지금까지 잘 보존된 것 같이[5] 김린서의 수고와 노력은 칭찬할 만하다. 물론 편집자의 수정과 가

---

[4] 김린서 목사는 주기철 당시에 장로로서 사역을 하였지만 후에 목사안수를 받았다. 손양원은 『주기철 목사의 순교사와 설교집』의 서문에서 "주 목사님의 그 고귀한 설교를 김 장로의 달필(達筆)로 쓰게 되니 향기로운 기름을 옥합에 담은 것 같습니다"라고 언급했다. 또한, 서문에서 권연호는 김린서가 신사참배에 대하여 유보적인 태도를 보이는 데 대하여 많은 사람이 의심을 한 것에 비하여 주기철은 말하기를 "김 장로는 신앙이 철저하니 실수 없을 것입니다. 우리가 다 순교할 것이 아닌즉 김 장로는 김 장로의 할 일이 있을 것입니다"라고 하였다. 이는 김린서를 신뢰하고 있었다는 말이다. 김린서는 주기철이 설교할 때마다 설교를 기록하였거나 남이 일러준 것을 토대로 재구성하였다. 김린서는 지금까지 주기철의 설교를 접할 수 있게 한 장본인이다. 김린서, 『주기철 목사의 순교사와 설교집』 9, 11을 보라. 현재까지 전해진 주기철의 설교 37편 중 15편은 정기 간행물에 실린 것이고, 22편은 김린서가 복원한 것이다. 김운용, 『한국교회 설교 역사』 (서울: 새물결플러스, 2018), 290을 보라.

[5] T. H. L. Parker, *The Oracles of God: An Introduction to the Preaching of John Calvin* (Cambridge: James Clarke & Co. 2002), 39-40.

필(加筆)이 없지는 않지만 그의 문필(文筆)의 능력과 뜨거운 기도와 정성을 통하여 후세에 잘 전달이 되고 있다. 주기철의 설교 특징을 살펴보자.

첫째, 목회의 중심에 놓여 있는 설교이다.

힐트너(Seward Hiltner)는 목회(pastoral care)의 기능을 크게 세 가지로 분류하기를 "전달(communicating)의 기능, 목양(shepherding)의 기능, 행정(organizing)의 기능"[6]이라고 언급했다. 이 세 가지는 모두 목회에서 중요한 기능을 담당하고 있다.

그런데 주기철은 이 세 가지 목회의 기능에서 '설교'를 가장 비중 있게 두고 목회를 했다. 왜냐하면, 심방이나 다른 것보다 설교를 잘 준비하여 회중의 영혼을 살찌우는 것이 그들을 하나님께 더욱 가까이 가게 할 수 있다고 보았기 때문이었다.

김광수는 그의 저서인 『한국기독교 인물사』에서 다음과 같이 말했다.

> 주 목사의 목회는 철저한 설교 중심이었다. 10 중에 7이 설교이고, 2가 심방이고, 나머지 1이 사무였다. 주일이 지나고 나면 월요일부터 금요일까지 설교를 준비하고 토요일은 준비된 설교를 위하여 기도하고 주일에는 그 설교를 강대에서 외쳤다.[7]

주승중은 주기철의 영성에 대하여 다음과 같이 언급한다.

---

6 Seward Hiltner, *Preface to Pastoral Theology* (Nashville, TN: Abingdon Press, 1954), 55.
7 김광수, 『한국기독교 인물사』, 150.

어떤 때는 설교를 준비하기 위해서 산에 올라가 며칠 밤을 세우면서 기도하던 때도 있었다. 이렇게 기도한 후에 강단에 서면 얼굴 빛이 환하고 동작은 긴장하고 소리는 쟁쟁하여 그 태도에서부터 능력이 나타났다.[8]

주기철의 목회뿐만 아니라, 순교의 동력은 그의 '설교 영성'에서부터 기인한다고 보아도 무방할 것이다.

둘째, 신자의 삶과 '일사각오'(一死覺悟)의 제자도를 강조하는 설교이다.

주기철의 설교는 그 당시의 일반적인 설교자들의 주제들과는 사뭇 달랐다. "예수 믿고 천당가자"는 흐름과 고난의 시대적 정황 속에서 종말론적인 사상에 몰입하면서, '천국에 대한 소망'에 관한 설교에 역행하는 주제들로 설교했다.

구원받은 그리스도인으로서 핍박과 환란의 정황 속에서 예수 그리스도의 십자가를 지고 고난에 동참하면서, 예수님의 제자답게 '제자도'의 정신을 가지고 그리스도인답게 살아갈 것을 강력히 설교했다. 즉 '일사각오'의 정신을 가지고 오늘이라도 주님께서 신자의 영혼을 부르시면, 즐겁게 하나님 앞에 당당히 설 수 있는 믿음의 자세를 가질 것을 설교한 것이다.

이런 설교를 할 수 있었던 배경은 주기철의 삶이 신자로서 온전했기 때문이다. 권연호는 주기철의 삶과 인격에 대해 이렇게 언급했다.

---

8   주승중, "주기철," 『설교학 사전』, 503.

순교자 주기철 목사는 나와 동시대 사람으로 내가 가장 존경하는 목사입니다. 그는 바르고 철저한 신앙으로 그러하고, 흠 없고 결백한 생활로 그러하고, 그 정열(貞烈)의 기백(氣魄)으로 그러합니다. 이런 인격으로 순교하였으니 과연 백년지하(百年之下)에 모범이 될 만하고 존경할 만한 성도입니다. … 주 목사의 설교는 그의 신앙고백이요 그의 생활과 정신은 그의 피로 인친 것입니다.[9]

이런 주기철의 인격과 모범 된 생활은 곧바로 성도가 예수의 제자로서 삶을 살아야 한다는 것으로 역설되었다. 그는 평양신학교 부흥회 첫날 설교인 "일사각오"에서 십자가의 제자도를 가져야 하는 당위성을 다음과 같이 설교했다.

예수를 환영하던 한때도 지금 지나가고 수난의 때는 박도하였나니 물러갈 자는 물러가고 따라갈 자는 일사를 각오하고 나서라. …
망하여 가는 예루살렘 성 하에 눈물의 자취, 겟세마네 동산에 피 땀의 자취!
우리도 일보 이보 눈물과 땀방울의 자취 걸어야 하고 골고다에 흘리신 피의 자취 우리도 이 피 자취에 엎디어 이 몸을 십자가의 제단에 드려야 한다.
내 주의 지신 십자가 우리는 안 질가?
십자가 각기 있으니 내게도 있도다.

---

9 김린서, 『주기철 목사의 순교사와 설교집』, 10-11.

성 도마의 일사각오 인도도상(印度途上)에 뿌리는 피!
오늘 우리에게도 예수를 따라 일사각오![10]

또한, 주기철은 총회 목사·선교사 수양회 시 "예언자의 권위"라는 제목으로 십자가의 도에 대해 다음과 같이 설교했다.

생사여탈의 대권을 잡은 임금 앞에서 그 죄를 책망하는 세례 요한도 일사각오였고, 나단이나 녹스도 일사각오 했던 것이요, 루터도 물론 일사각오였다. 일사각오 연후에 예언하는 것이요, 일사각오 연후에 예언자의 권위가 서는 것이다.
여러분 몰라서 말 못하는가?
왜 벙어리 개가 되었는가?
오늘 목사도 일사각오 연후에 할 말을 하고 목사의 권위, 예언자의 권위가 서는 것이다.[11]

주기철의 설교에서 종종 등장하는 '일사각오'의 정신은 목숨을 걸고 십자가의 도를 따르고 신실한 제자의 삶을 살라는 의도이다. 평안할 때도 일사각오를 행하기가 어렵거든 일제의 수탈과 핍박 가운데서 일사각오의 정신을 가지고 생활하고 목회의 삶을 살아간다는 것은 참으

---

10 김린서, 『주기철 목사의 순교사와 설교집』, 145-46.
11 본 설교는 일제 때 총회 금강산수양관에서 목사와 선교사 200명이 모인 가운데 일본 경찰관의 경계하에서 외친 설교이다. 이 설교의 마지막 시점에서 주 목사의 설교는 일제에 의하여 중지당했다. 김린서, 『한국교회 순교사와 그 설교집』, 178을 보라.

로 쉬운 일이 아니었을 것이다. 그러나 이 길만이 신자의 올바른 삶이라고 주기철은 믿었고 그렇게 살았고 설교했고 순교했다.

셋째, 하나님 중심사상의 설교이다.

주기철이 일제의 수난과 핍박 중에도 믿음으로 잘 살아갈 수 있었고, 설교할 수 있었으며, 모든 고문을 다 이겨 내고 순교까지 감당할 수 있었던 가장 중요한 동인은 바로 '하나님 중심사상'이었다.

종교개혁자 칼빈(John Calvin)이 주창하는 하나님 중심사상은 '하나님의 주권,' '오직 하나님께 영광'(Soli Deo Gloria), '여호와 앞에서'(Coram Deo), '오직 은혜'(Sola Gratia) 등이다. 이러한 하나님 중심사상이 칼빈의 설교에 그대로 녹아 있었다. 칼빈의 설교사상을 요약하면 다음과 같다.

> 설교란 설교자의 사상과 신념, 그리고 설교자의 철학을 말해서는 안 되며, 성경에 쓰인 진리 자체를 선포해야 한다. 칼빈은 성경 자체가 하나님의 말씀이므로 설교자는 말씀의 종으로서 성경 말씀만 증언해야 한다는 '성언운반일념'(聖言運搬一念)으로 충만한 설교자이다.[12]

그런데 칼빈의 하나님 중심, 성언운반일념의 설교사상이 주기철의 설교에 그대로 용해되었다.

주기철은 평양신학교 19회 졸업생으로 약관 30세에 청년 목사로 초량교회에 부임하면서부터 십계명의 제1계명과 2계명을 주제로 하나님 주권신앙과 우상숭배의 부당성을 일관되게 설교[13]하면서부터 하나님

---

12 조성현, 『설교로 보는 종교개혁』 (서울: CLC, 2017), 119.
13 정성구, 『한국교회 설교사』, 279.

중심사상이 더욱 강력해졌다.

일본 경찰은 주기철에게 설교하지 말 것을 강력하게 요구했을 때 "나의 설교권은 하나님으로부터 받은 것이니, 경찰서에서 하지 말란다고 해서 아니 할 수 없소"[14]라고 거절했다. 이는 하나님 중심사상의 발로(發露)라고 본다. 주기철이 산정현교회에서 행한 "하나님을 두려워하라"라는 설교에서 하나님 중심의 삶에 대해 다음과 같이 설교했다.

> 사람 앞에서도 완전하기는 어렵거든 하나님 앞에서 완전하기는 인간으로서는 불가능한 것이다. 그러나 예수의 속죄하심을 입어 죄를 청산하고 성신의 주시는 힘으로 완전한 인격을 이룰 수 있는 것이다. 본문에 '전능하신 하나님'은 원문에 '엘 쇠다이시'니 '쇠다이' 하나님은 젖을 가지신 하나님 곧 부모와 같은 하나님이시다. 부모 앞에서 어린 아이가 장성한 대로 완전하여지는 것처럼 우리도 쇠다이 하나님 앞에서 은혜받는 대로 완전하여지는 것이다. …
> 1. 하나님 앞에서 경건함으로 완전하라. …
> 2. 하나님 앞에서 정직(正直)함으로 완전하라. …
> 3. 하나님 앞에서 태연(泰然)함으로 완전하라.[15]

주기철의 설교에서 완전이란 율법적인 차원의 완전함이 아니다. 예수 그리스도의 은혜로 신자답게 살아가는 '그리스도인의 완전'을 언급한

---

[14] 김광수, 『한국기독교 인물사』, 156.
[15] 본 설교는 산정현교회에서 1937년 6월 20일, 378명이 회집한 가운데 창 17장의 말씀을 가지고 설교한 것이다. 김린서, 『한국교회 순교사와 그 설교집』, 156-61을 보라.

것이다. 즉 '하나님 앞에서'의 삶을 말하는 것으로, 신자가 '하나님 중심적인 삶'을 살아가게 될 때 예전보다 더욱 온전해지는 것을 의미한다.

넷째, 순교의 염원이 있는 설교이다.

주기철은 일제의 신사참배에 강하게 반대하여 순교한 한국교회의 순교자 중에 기념비적인 인물임에는 틀림없다. 그러하기에 그의 설교도 순교의 피가 흐르고 있다. 주기철은 평소에 다음과 같이 말했다.

> 순교는 억지로 하는 줄 알지마는 그런 게 아닙니다. 주님께 감사에 겨워 나도 모르게 하는 것이 순교인가 합니다.[16]

> 나는 결단코 하나님 외에 무릎 꿇고 절할 수 없습니다. 더럽게 사느니 보다 차라리 죽어 없어져 주님 향한 정절을 깨끗이 지키려 합니다. 주님 따르는 죽음은 나의 간절한 소원입니다.[17]

주기철의 마음속에는 항상 순교에 대한 염원이 늘 가득차 있었다. 그의 유언과도 같은 "5종목의 나의 기도"(마 5:1-12; 롬 8:18, 31-39)의 설교에 보면 그의 순교 열정이 가득하다.

1. 죽음의 권세를 이기기 하옵소서. …
2. 장기간 고난을 견디게 하여 주옵소서. …

---

16 김충남, 『순교자 주기철 목사의 생애』(서울: 드림북, 2015), 124.
17 김광수, 『한국기독교 인물사』, 147.

3. 노모와 처자를 주님께 부탁합니다. …

4. 의에 살고 의에 죽게 하옵소서. …

못합니다! 못합니다! 그리스도의 신부는 다른 신에게 정절을 깨트리지 못합니다.

드리리다! 드리리다! 이 목숨이나마 주님께 드리리다. 이 목숨이나마 주님께 드리리다.

칼날이 나를 기다리느냐?

나는 저 칼날을 향하여 나아가리라. … 나의 사랑하는 교우 여러분, 의에 죽고 의에 삽시다. …

5. 내 영혼을 주님께 부탁합니다.[18]

이렇게 순교의 염원을 담은 그의 설교대로 주기철은 순교의 제단에 피를 뿌리고 한국교회 순교의 잔을 마셔서 순교자의 반열에 오르게 되었다. 진정 감동 있는 삶이었고, 감동 있는 설교이다.

그러나 주기철의 설교에 아쉬운 점은 "일사각오"나 "예언자 권위" 등의 설교를 비롯해서 많은 설교가 신사참배의 혹독한 시련 속에 있었기에 '상황적인 설교'들이 대부분이다. 주기철은 그 당시의 민족적 상황(context)을 정확하게 직시하고 이를 설교 본문(text)으로 이끌어 오는 설교의 형식이 주를 이루고 있었다.

그리고 주기철의 설교 형태도 그의 설교 대부분에서 보듯이 '삼대지 주제설교'가 주를 이르고 있다. 이는 평양신학교의 설교학 수업의 귀결이기도 할 것이다.

---

[18] 이영헌, 『한국기독교회사』, 213-14; 주승증, "주기철," 『설교학 사전』, 505-6을 보라.

그러나 주기철의 설교는 현대 설교학적인 평가를 떠나서 그의 '영혼'을 실은 설교이며, 그의 온전한 '신앙고백'이고, 그 시대에 피를 토하듯이 외친 강력한 설교이기에 큰 감동과 울림이 주어진다. 주기철의 설교는 영영히 후세에 길이 남아서 그리스도인과 설교자에게 귀한 예수정신(ethos)을 심겨 줄 것이다.

4. 나가는 말

설교는 "인격을 통한 진리의 전달"[19]이라는 말과 같이 주기철의 설교는 설교 이전에 그의 삶의 실천이었으며, 그의 신앙고백이었다. 그러므로 그의 설교가 강력한 영향력을 주었던 것이다.

현대의 설교자들은 예전보다 더욱 풍부한 설교 자료와 정보를 가지고 설교를 준비할 수 있다. 그러나 설교는 글로 쓰기 전에, 언어로 외치기 전에 설교자의 삶으로 준비되는 것이라 한다면 설교자의 신행일치(信行一致)가 얼마나 중요한지 아무리 강조해도 지나치지 않다. 지금은 일제에 의하여 순교당하는 시대는 아니지만, 그보다 강력한 세속의 물결이 교회와 설교자들을 휘감고 있기에 더욱 설교자는 경건의 훈련과 온전한 삶에 헌신이 필요하다고 본다.

---

[19] Phillips Brooks, *Lectures on Preaching*, 5.

제7장

손양원 목사의 설교 세계
사랑의 삶을 통한 신행일치 설교

손양원 목사(1902-1950)

1. 들어가는 말

요사이 한국교회의 심각한 위기론을 이야기한다. 그 위기는 교인과 헌금이 감소하고 다음 세대가 무너짐으로 한국교회가 고령화되어 가고 있으며 교회성장이 둔화되고 있다는 우려이다. 그러나 교회의 위기를 양적인 관점에서 보는 것도 일리가 있지만, 더 중요한 위기는 '복음 본질의 퇴색'이 아닌지 자문자답해 보아야 할 것이다.

복음의 중요한 요소는 '하나님 사랑, 이웃 사랑'(敬天愛人)이라는 차원에서 살펴볼 때 '사랑의 원자탄'이라 불리는 산돌 손양원(孫良源, 1902-1950)의 삶과 그의 설교를 상고해 보는 것은 매우 가치 있는 일이라 사료된다. 함께 손양원의 설교 세계로 여행을 떠나 보자.

2. 순교자 손양원의 생애와 사역

기독교 역사는 '순교의 역사'라고 해도 과언이 아니다. 순교라는 단어는 '마르투스'(μάρτυς)로서 '증언' 또는 '증거'라고 한다.[1] 로마 시대의 300년간 초대 교회에서는 제자들과 교부들이 예수 그리스도의 십자가와 부활을 증언하고 증거 하다가 핍박과 박해로 인해 많은 순교자가 탄생했다. 또한, 한국교회에서도 많은 순교자가 피를 흘려 그 위에

---

1 기독교대백과사전편찬위원회, 『기독교 대백과사전』 제9권 (서울: 기독교문사, 1983), 839.

교회가 세워졌다. 이에 이상규는 순교에 대해 다음과 서술했다.

> 전통적인 입장에서 볼 때 순교란 기독교 신앙에 대한 억압과 박해를 전제로 하며 믿는 바를 증거 하려는 확고한 신조가 있어야 한다. 이런 관점에서 본다면 순교는 세 가지 조건을 필요로 한다.
> **첫째**, 신앙에 대한 고백과 복음에 대한 증거자여야 할 것,
> **둘째**, 그 죽음이 복음 증거와 수호를 위한 불가피한 것이어야 할 것,
> **셋째**, 그 증거를 대적하는 박해자나 정치적 가해자가 있어야 할 것 등이다.
> … 한국교회의 순교자 출현은 3시기로 구분된다.
> 첫 번째 시기는 구한말로 곧 기독교의 전래 이후 1910년까지,
> 두 번째 시기는 1910년에서 1945년까지 일제하의 시기,
> 세 번째 시기는 1945년 이후 한국전쟁기이다. 한국교회가 추정하는 절대다수의 순교자들이 주로 세 번째 공산정권에 의해 희생되었다.[2]

이런 관점에서 본다는 손양원은 순교자가 되는 데 필요한 모든 조건을 다 갖추고 있다. 주기철이 일제 시대 때 신사참배 문제로 순교했다면, 손양원은 공산주의자들에 의해 순교를 당한 순교자이다.

손양원은 1902년 6월 3일 경남 함안군 칠서면 구성리에서 아버지 손종일(孫宗一)과 어머니 김은수(金恩洙)의 장남으로 출생했다. 그가 일곱 살 되던 어느 날, 온 가족이 기독교 신앙을 받아들였으며 후에 아버지는

---

2 이상규, "순교에 대한 교회사적 이해," 「순교보」 2006년, 26-28.

교회의 장로가 되었고 어머니는 집사가 되었으며 그의 두 동생인 손의원, 손문준도 특별한 하나님의 소명을 받아 모두 목사가 되었다.[3]

손양원은 어릴 때부터 남달리 공부에 재간이 있어 18세에 서울의 중동중학교에 입학했으나, 아버지가 3·1 운동에 참가했다는 죄목으로 옥에 갇히자 학교를 중퇴하고 고향으로 내려갔다. 그러나 불타는 향학열을 누를 길 없어 1921년에 일본으로 건너가 도쿄에 있는 야간 중학교에 입학했으나, 22세 때 동경의 한 목사의 설교에 큰 은혜를 받고 그의 생애 전부를 하나님께 바치기로 결심을 했다. 그리하여 그는 귀국하여 경남성경학교에 입학했다. 이곳에서 주기철 목사를 만나 성경을 배웠다. 1929년 경남성경학교를 졸업한 손양원은 여러 교회에서 전도사업을 하다가 1935년 그의 나이 33세에 평양신학교에 입학했다. 1938년 신학교를 졸업한 후 여수 애양원교회 부흥회를 인도한 뒤로 그 교회에 청빙을 받아 부임했다. 손양원은 설교할 때마다 신사참배 반대를 외쳤으며 결국 1940년에 구속되어 해방될 때까지 6년간의 옥고를 치렀다. 해방 후에 애양원교회에 다시 온 손양원은 나병환자들과 함께 음식을 먹었고 잠자리도 같이 했으며, 그들의 몸을 친히 어루만져 주기를 주저하지 않았다. 그는 1946년 경남노회에서 안수를 받았다.[4]

1948년 10월 20일 공산도배(共産徒輩)의 대반란 사건이 여수와 순천에서 일어났다. 이때 여수고등학교에 다니던 손양원의 두 아들 동인(東仁)과 동신(東信)은 학교의 푸락치들에 의하여 색출되어서 재판에 회

---

3   김광수, 『한국기독교 인물사』, 212.
4   주승중, "손양원," 『설교학 사전』, 458-59.

부되었다. 그리고 형제들을 무자비하게 총살했다. 그러나 손양원은 자기의 두 아들을 죽인 원수인 학생 안재선(후에 손재선으로 개명)을 국군계엄사령부에 의해 총살당하기 전에 석방을 간청하여 양아들로 삼고 부산성경학교에 입학하게 했다. 그리고 그의 부모도 모두 다 손양원의 감화로 주님의 품 안에 돌아왔다. 그러나 1950년 6·25동란이 발발하여 애양원교회를 떠나라는 교인들의 부탁을 버려두고 양무리를 끝까지 지킨다는 심정으로 교회에 있다가 공산당에 의해 1950년 9월 28일 저녁에 순교했다.[5]

20세기 '사랑의 성자'이면서 '사랑의 원자탄'이라 불리는 손양원은 거룩한 피를 이 땅에 쏟고 순교의 영광에 이르게 되었다. 그는 한국이 낳은 위대한 목회자요, 순교자요, 설교자였다.

3. 손양원의 설교 특징들

안용준 목사는 손양원이 순교하신 지 11년 만에 설교집 상하권을 내놓았다. 이것은 손양원이 순교의 제물이 된 후에 손양원의 서재에서 거둔 설교 원고였다.[6] 안용준의 설교 편집으로 손양원의 설교를 깊이 연구할 수 있게 된 것은 참으로 다행스런 일이다.

---

5   김광수, 『한국기독교 인물사』, 216-18.
6   안용준 편, 『산돌 손양원 목사 설교집』(상) (서울: 신망애사, 1969), 252.

또한, 안용준이 편집한 설교집을 참고하여서 이광일이 다시 편집하여서 설교 노트식으로 제작한 3권의 설교집 『성경대로 살자』(1집), 『오늘이 내 날이다』(2집), 『성도의 생활』(3집)[7]도 참으로 귀중한 자료이다. 손양원의 설교 특징을 살펴보자.

첫째, '성경 본문이 이끄는 성경적 설교'(text-driven preaching)이다.

손양원의 설교는 성경으로 시작하여 성경으로 마치는 설교이다. 손양원은 "성전을 더럽히지 말라"(마 23:27-24:2)라는 설교에서 자신의 설교관을 다음과 같이 깊이 언급했다.

> 나의 설교란 강도학(講道學) 원리에, 꼭 "성경 말씀에만 터를 닦고" 한 대로 66권이 본문이요, 제목이요, 대지(大旨)도 소지(小旨)도 이를 기초로 한다. 성경에서 성경으로 전부를 삼고, 성경으로 성경을 풀고 싶다. 성경에 묻고 성경에서 대답하고 싶다. 서론도 성경이요, 내용도 성경이요, 결론도 성경이 되게 하고자 한다. 즉 성경으로 시작하여 성경으로 마치고 싶다. 그래서 십자가의 대도(大道)와 기독교의 교회를 분명히 전하고 싶다.
> 그런고로 나의 설교의 내용은 ① 학술적이기보다는 도리적(道理的)으로 ② 도덕적 행위 교훈보다는 생명적인 복음으로 ③ 사상보다도 교리적인 것을 가르치고자 하며 ④ 이론보다도 실제적으로 ⑤ 일시 귀를 즐

---

7 이광일 편, 『손양원 목사 설교집 3: 성도의 생활』(여수: 손양원 목사 순교자기념사업회, 1995), 7.

겁게 하는 감정보다도 의지적인 진리의 내용을 밝히고 싶다.

그것은 본래부터 기독교의 본질이 그렇고 성경 내용의 진리가 그렇고 나의 받은 사명이 그런 줄 아는 까닭이다. 그래서 성경에 기록된 대로 평이(平易)하게, 명확하게 증거 해서 유식 무식 간에 노인도 젊은이도 남자도 여자도 알기 쉽게 하고자 한다.

쉽게 쓴 것을 왜 어렵게 하겠는가!

이렇게 성경만을 중심으로 해서 복음을 전하면 전해지는 말씀 여하는 말할 필요도 없고 말씀이 전해지는 강단도 거룩해져서 강단이 순수한 하나님의 제단이 될 것이다. 성전을 더럽히지 않으려면 강단을 더럽히지 말아야 한다.[8]

손양원의 설교는 한마디로 '성경에 관한'(about Bible) 설교가 아니라, '성경 자체'(Bible itself)에 관한 설교이다. '예화 중심적인 설교'가 아니라 '본문 중심의 설교'이다. '설교자 중심의 설교'가 아니라 '예수 그리스도 중심의 설교'이며 성경을 성경으로 해석하는 전통적인 개혁주의적인 성경 해석의 원리를 가지고 있었다. 성경 본문을 깊이 묵상하고 회중의 삶에 적절히 적용하여 감동케 하는 설교이다.

둘째, 삶을 통한 설교이다.

필립 브룩스(Philip Brooks)는 "설교는 인격을 통한 진리의 전달"[9]이라는 중요한 설교 이론을 언급했다. 인격을 통해서 하나님의 말씀을 전

8　안용준 편, 『산돌 손양원 목사 설교집』(상), 42.
9　Phillips Brooks, *Lectures on Preaching*, 5.

달한 분이 바로 손양원이다. 안용준은 그의 저작 『산돌 손양원 목사 설교집』의 머리말에서 손양원의 설교를 다음과 같이 평했다.

> 설교는 말에만 그치는 것이 아니다. 말과 생활이 모두 설교가 되어야 하는 법이다. 기도로 호흡을 삼고, 성경으로 양식을 삼고, 복음 전도로 생활을 삼되, 목회 중에는 나환자의 부모처자로, 옥중 생활 때에는 주와 동행한 자로, 원수에게는 사랑의 사도로, 양떼를 지키기에는 순교의 제물이 되신 분이시다.[10]

손양원은 자신이 그리스도인다운 삶을 산 것뿐만 아니라, 그의 설교 "조선 민족의 근본 정신을 부활시키자"(신 32:8; 행 17:26)에서 모든 기독자가 참다운 그리스도인으로서 각 처소에서 올바른 삶을 살아야 한다고 설교했다.

> 정계에 나간 기독자들은 기독교를 이용하려고 말고 하나님 앞에서 참다운 진실한 정치를 하고, 교육계에 나선 기독자들은 학생들에게 지식만 가르치지 말고 지식의 근본인 여호와를 알려 주고, 경제계에 나선 기독자들은 자기의 유익만 구하지 말고 정직한 상도(商道)를 세우고 만인에게 편의를 주는 일에 최선을 다하고, 의학 방면에서 활동하시는 기독자들은 병자들의 약점을 악용해서 자기 치부(致富)에만 급급하지 말고 의사이신 예수를 본받아 병으로 신음하는 이들을 고쳐 주고 위로

---

[10] 안용준 편, 『산돌 손양원 목사 설교집』(상), 15.

해 주어 육신의 병뿐만 아니라 영혼의 병까지도 고쳐지게 하고, 관공서에서 수고하는 기독자들은 권세나 부리고 게으름을 부리지 말고 만인의 종이 되어 봉사하기를 그리스도께서 제자의 발을 씻기시던 것처럼 봉사하기를 바란다.[11]

이런 손양원의 설교는 그리스도인 삶의 생활화를 외친 설교로 수직적인 하나님과의 관계뿐만 아니라, 수평적으로 사람과 사람 사이에서 그리스도인의 사명을 정확하게 직시한 설교이다.

원자탄이 미국에서 제조된 것이라면 예수 그리스도의 삶을 이 세상에서 그대로 실천하고 예수의 삶대로 원수까지도 사랑한 '사랑의 원자탄'은 바로 우리 조국 대한민국의 순교자 손양원이다. 이러한 사랑과 예수의 삶이 그의 설교에서 그대로 반영되었다. 손양원의 설교는 말로만의 단순한 외침이 아니라 몸으로 보여 준 설교였고, 몸으로 가르쳐 준 설교였으며, 삶과 죽음을 통해 나타난 설교였다.

셋째, 민족애의 설교이다.

순교자인 손양원은 하나님을 마음과 뜻과 정성을 다해서 사랑한 것과 동시에 이 민족에 대한 사랑이 차고 넘치고 있다. 이는 그의 설교에서 뚜렷하게 나타났다. 그의 설교인 "조선 민족의 근본정신을 부활시키다," "한국에 미친 화벌의 원인," "충령묵도와 국기 경배 문제"[12] 등에서 민족애에 대한 분명한 확신이 여실히 드러나고 있다.

손양원이 행한 그의 설교 "충령묵도(忠靈默禱)와 국기경배(國旗敬拜)

11　안용준 편, 『산돌 손양원 목사 설교집』(상), 30.
12　안용준 편, 『산돌 손양원 목사 설교집』(상), 17의 목차를 보라.

문제"(고전 2:1-16)에서 그는 신사참배에 동조한 목사·장로에 대해 과감하게 예언자적인 외침을 하면서, 현재 그리스도인이 민족과 국가를 어떻게 사랑해야 할 것인가에 대한 방향을 제시했다.

> 일본 제국 우상교와 싸우던 과거 대환란은 과거에 있던 문제일 뿐만 아니라, 오늘날도 직면한 일대 문제요 또한 장래의 문제도 된다. … 참다운 애국자, 참다운 애족자(愛族者)는 그 국가 민족의 흥망 성쇠의 길을 잘 가르쳐 주는 자가 아닐까 …
> 벌써 목사, 장로 중에 이를 구별하지 못하고 국기경배와 충령묵도를 한 이가 있다고 하니 어찌 딱한 일이 아니겠는가 … 우리나라의 흥망의 길을 잘 가르쳐 주자. 흥망의 길을 잘 가르쳐 주는 종교가 참기독교다. 특히 목사님의 책임, 장로님의 책임은 지도자의 입장으로서 지중함을 자각해야 한다. …
> 국가 의식이라고 해서 다 할 것이 아니라, 지방의 도덕이라든지 풍속이라고 해서 다 따를 것이 아니다. 기독교의 진리가 도덕과 풍속과 국법의 표준이 되어야 한다. … 오늘날 우리 한국교회 교인은 건국 초에 심각한 각오를 가지고 올바른 국가가 세워지도록 힘쓰고 심지어 박해까지도 각오해야 한다. …
> 자! 기독자들아! 참애국자가 되는 길은 참기독자가 되는 데 있는 줄 알고, 진리 위해서 불의와 싸우고 주를 위하여 세상과 싸워 주 앞에 피를 다 쏟아 바치기까지 하자![13]

---

13   안용준 편, 『산돌 손양원 목사 설교집』(상), 75-84를 보라.

손양원의 나라 사랑하는 마음은 아버지 손종일의 영향을 받은 것으로 3·1 운동 때 만세를 외치다가 옥고를 치렀고, 이 나라를 민족주의 정신으로 올바로 계몽하려는 강력한 민족주의적 정신이 투철한 설교를 했다. "참 기독자가 참애국자이다"라는 손양원의 민족주의 사상 공식은 설교를 통하여 그 당시의 성도와 백성들에게 고취되었다.

넷째, 순교의 염원(念願)이 있는 설교이다.

주기철이 일제 시대 때 신사참배에 항거하다가 순교한 것처럼, 그의 제자인 손양원도 순교의 반열에 서기 위하여 항상 순교의 염원이 있었다. 그리하여 손양원의 설교에는 항상 순교의 정신과 순교의 열망이 강하게 나타났다. 대한예수교장로회 제36회 총회가 주최한 고(故) 최봉석 목사, 고 주기철 목사의 순교 추모예배에서 손양원은 "주 안에서 죽는 자들은 복이 있도다"(계 14:13; 히 11:33)란 제목으로 설교했다. 이 설교에서 그의 순교 염원을 뚜렷하게 엿볼 수 있다.

> 순교자 스데반의 뒤를 이은 최봉석 목사님과 주기철 목사님께서는 "우리는 예수를 위하여 피 흘리고 왔다"고 하실 것입니다. 우리도 이 밤에 그들의 뒤를 이을 준비가 되기를 바랍니다. … 제일 좋은 죽음은 주를 위하여 죽는 죽음이니 한없이 복됩니다. 나는 이제 살기를 도모하기보다 어떻게 하여야 주를 위해 잘 죽을까 결심하고 기도합니다. … 깨끗한 죽음, 귀한 죽음으로 죽으려면 평소에 깨끗하고 아름다운 생활이 따라야 합니다. 주께서 "다 이루었다"는 말 한마디 하시기 위하여 3년간의 준비가 있었던 것입니다.
> 잘 죽고 싶으냐?

생활을 잘 하십시오.

주 목사님은 평소에 "내가 아무래도 이 문제로 죽을 수밖에 없다" 하시면서 순교의 각오를 하고 계셨습니다. 갑자기 순교자가 되는 법이 아닙니다. 잘 준비해야 되는 법입니다.

앞서간 순교자들이 우리를 보고 있으니, 말하지만 말고 실천에 옮깁시다.

먹고 마시는 것을 주를 위해서하고, 나나 다른 인간을 높이기 위해서 하지 맙시다.

주만 높이다가 죽는 자가 됩시다.

말씀하시길 "지금 이후로 주 안에서 죽는 자들은 복이 있도다" 했습니다.[14]

손양원은 순교에 대한 준비와 열망이 가득했으며 이를 위하여 마음의 각오과 기도로 준비했었다. 그리고 손양원은 이 설교를 한 후, 두 달 후에 순교(1950년 9월 28일)를 했다. 그는 설교한 대로 살고, 설교한 대로 순교한, 위대한 설교자였다.

그뿐만 아니라 손양원은 '종말의 소망'이 강하게 나타나는 임박한 종말론적 설교를 했다. 이는 주님이 승리하시는 재림의 날에 목표를 둠으로 그 당시 일제에 의해 민족이 당하는 고통을 이겨 내려는 소망의 장치일 수도 있다. 또한, 손양원은 주기철의 설교사상과 비슷하게 '하나님의 주권,' '오직 은혜,' '하나님께 영광' 등의 설교사상으로 가득 차 있었다.

---

[14] 안용준 편, 『산돌 손양원 목사 설교집』 (상), 106-10.

그러나 손양원의 설교에서 아쉬운 점은 신사참배의 혹독한 시련과 한국전쟁의 발발로 인해 고난의 시기에 있었기에 상당한 설교들이 '상황적인 설교'로 많이 보이고 있다. 민족적 고난이라는 상황(context)에서 주제를 잡아서 본문(text)으로 이어지는 설교의 패턴을 이루고 있었다. "시대에 적합한 일꾼이 되라," "충령묵도(忠靈黙禱)와 국기경배(國旗敬拜) 문제," "조선 민족의 근본정신을 부활시키자" 등이 대표적이다. 그럼에도 불구하고 설교는 상황을 절대로 외면할 수 없기에 이는 시대적인 산물로 보인다.

손양원의 설교는 현대 설교학의 이론을 훨씬 뛰어넘어서 그의 아름다운 신앙고백이며, 피를 토한 설교이기에 평가를 할 수 없을 정도의 고귀한 설교들이다. 손양원의 설교는 기독교 역사에 길이 남아 후세에 아름답고 위대한 족적(足炙)을 남긴 설교임에는 틀림없다.

4. 나가는 말

설교자의 설교는 설교자의 인격과 정신(ethos)이 담겨 있다. 그래서 설교자의 설교는 신앙고백인 셈이다. 손양원의 설교에서 그의 '순교의 염원'은 그의 설교 정신이었고 그래서 그대로 순교했다.

지금 한국 사회와 교회는 한국전쟁 이후로 안정된 상태에서 믿음의 삶을 살아가고 있다. 그러기에 총칼로 인해 순교를 당할 필요는 없다. 그러나 설교자의 '순교자적인 삶과 정신'은 매우 중요하다. 왜냐하면, 설교자의 '살아 있는 순교자의 정신'이 곧바로 회중에게 작은 예수의 삶으로 전달될 수 있기 때문이다. 기독교가 피의 종교인 것과 같이 순교자 피의 정신이 강단에 적셔지기를 기도하며 기대한다.

제8장

이성봉 목사의 설교 세계
"말로 못하면 죽음으로"의 부흥설교

이성봉 목사(1900-1965)

1. 들어가는 말

'시대가 인물을 만든다,' '난세에 영웅이 난다'는 말과 같이 고난의 시대에는 그에 걸맞는 인물이 등장하기 마련이다. 일제 시대의 수탈과 한국전쟁의 동란이라는 참혹한 시대적 배경 속에서 등장한 한 부흥사가 있다. 바로 전국적으로 대중적 지지를 받으면서 부흥의 물결을 일으킨 부흥사 이성봉(李星鳳, 1900-1965)이다. 이에 그의 아름다운 설교 세계로 여행을 함께 떠나보도록 하자.

2. 이성봉의 생애와 사역

1928-1963년은 민족사적으로 그 유래가 없을 정도로 엄청난 시련과 고난의 시기였다. 1910년으로부터 시작하여 1945년까지 지속된 일본 제국주의에 의한 한국민의 식민화, 그 뒤를 이어 발발한 3년간에 걸친 한국전쟁이라는 최대 비극이 이 시기에 발생했다. 이러한 두 사건은 민족의 운명 전체를 결정하는 운명적 사건 그 자체였다.[1]

이러한 혹독한 상황은 역설적으로 보면 복음을 경험할 수 있는 호기(好期)임에는 틀림없다. 이러한 암울한 시대에 태어나서 복음을 확장하는 데 선구자적 역할을 한 인물이 바로 이성봉이다.

---

1 정인교, 『이성봉 목사의 생애와 설교: 그의 부흥 설교에 대한 설교학적 분석』 (서울: 성결신학연구소, 1998), 106.

이성봉은 1900년 7월 4일 평남 강동군 간리에서 장남으로 출생했다. 그는 여섯 살 때 온 가족이 복음을 받아들였다. 엄격한 모친의 신앙 교육으로 여섯 살 때 신약을 일독 할 정도였다. 그는 경신소학교를 졸업했지만 피폐한 가정 경제로 인해 중학교에 진학하지 못하고 부모를 도와 과수원 일을 하게 되었는데 차츰 신앙으로부터 멀어지고 타락한 청년 시절을 보냈다. 이런 중에 골막염이라는 병을 얻어 3년간 병상에 누워 있던 중 철저한 회개를 통해 씻은 듯이 병이 낫게 되는 신유를 경험했다. 이 체험을 계기로 경성성서학원(서울신학대학교의 전신)에 입학하여 신학을 공부하여 목회자의 길로 들어섰다(1928년 3월에 신학교 졸업). 그 당시는 감독정치의 파송제로 말미암아 수원교회를 개척하고(1928-1930), 목포교회(1930-1936), 신의주교회(1936-1937)에 이르기까지 9년을 목회했는데 가는 곳마다 큰 부흥을 경험하여 목회자로서 두각을 나타냈다. 이성봉은 1937년 성결교 총회에서 전국 순회 부흥사로 임명이 되어서 1963년 말까지 전국을 순회하며 교파를 초월하여 복음을 전파하는 데 온 생을 불살랐다.[2]

이성봉은 재림에 대해 설교한 이유로 사리원경찰서에서 1개월간 수감이 되었으며 해방과 더불어 이북에서 무너진 성결교회 재건 운동을 시작했다. 임마누엘 특공대를 조직하여 약소 교회를 위한 순회집회를 했다. 그리고 그는 1965년 8월 2일 하나님의 부르심을 받았다. 이성봉의 저서로는 『말로 못하면 죽음으로』(자서전), 설교집으로는 『사랑의 강단』, 『임마누엘 강단』, 『부흥의 비결』과 강화집으로 『천로역정 강

---

[2] 정인교, "이성봉," 『설교학 사전』, 493-94.

화』,『요나서 강화』,『명심도 강화』가 있다.[3] 그의 일평생을 통한 부흥 사역은 한마디로 "말로 못하면 죽음으로"[4]라는 자서전 제목처럼 참으로 희생적이면서 헌신적이었다.

길선주, 김익두, 이성봉을 한국 초기교회의 3대 영적인 거장으로 보아도 조금도 손색이 없다. 특별히 이성봉은 청렴하고 정결하여서 목회자로서 부흥사로서 조금의 흠결도 없어 많은 사람으로부터 지금까지 존경을 받아오고 있다.

3. 이성봉의 설교 특징들

이성봉은 개 교회 목회를 한 경험을 기초로 전국적인 부흥사로 1930-60대를 풍미한 부흥 설교자다. 물론 초기 선교사들의 설교 형태를 크게 벗어나지는 않았지만 다른 초기 설교자들과 구분되는 그의 독특한 설교 정체성이 있다. 이에 이성봉의 설교 특징들을 살펴보자.

첫째, 대중적인 위로를 전한 부흥설교이다.

이성봉의 설교는 초기 선교사들이 가진 비정치적이고 개인구원 중심적이며 청교도적 주제설교의 설교신학과 크게 다르지 않았다. 그러나 그만이 가지는 독특한 설교의 형태가 있는데 바로 '부흥설교'(revival preaching)이다.

---

3 이성봉,『부흥의 비결』(서울: 생명의말씀사, 1993), 253-54.
4 정인교 편,『말로 못하면 죽음으로: 이성봉 부흥설교의 진수』(서울: 한들출판사, 2001), 5.

이성봉의 부흥설교는 일제의 압제와 한국전쟁이라는 두 사건으로 인해 온 백성들이 도탄에 빠진 상황에서 자연스럽게 요청되어진 설교의 형태라고 보인다. 그의 부흥설교에서 '부흥'이라 단어는 "오늘날 흔히 이해되는 교회의 양적 성장이나 외형적 팽창이 아니다. 하나님 사랑과 이웃 사랑을 기초로 한 영적 각성과 교회 됨의 의미이다."[5] 이성봉은 부흥의 정의와 거짓 부흥에 대해 그의 설교집 『부흥의 비결』에서 다음과 같이 언급하고 있다.

> 부흥이란 죽은 자를 살리며(요 5:24), 병든 자를 치료하며(출 15:26), 약한 자를 강건케 하며(고후 12:10), 잠자는 자를 강건케 하며(욘 1:6), 꺼진 불을 다시 일으키며(딤후 1:6), 넘어진 자를 일으키며(잠 24:16), 물러가는 자를 전진케 하며(히 10:39), 곁길로 가는 자를 바른길에 세우는 것이다(사 42:16). ⋯ 거짓 부흥(행 19:14-16)은 죄에 대한 통회가 없고, 성결의 무관심, 천박, 피상적, 기분적, 감상적이며, 그림자로 본체를 대신한다. 생명의 운동이 없다. 일시적이요 영속성이 없고 공허감을 느끼다가 절망에 빠진다.[6]

참된 부흥의 핵심은 무엇보다도 '철저한 회개'가 선행되어야 한다는 점이다. 이것은 그 당시에 관통했던 신비주의나 이단 사이비와 확연히 구별되는 점이다. 일반적으로 부흥설교는 일상의 주일설교보다는 더

---

5 정인교, 『이성봉 목사의 생애와 설교』, 108.
6 이성봉, 『부흥의 비결』, 19, 21.

시간이 길고, 흥미를 유발시키고, 감성을 자극하는 설교이다. 특별히 이성봉의 부흥설교가 한국교회에서 가장 대표적이라고 보는 중요한 이유에 대해 정인교는 다음과 같이 서술했다.

> 그의 인격적인 면은 차치한다고 하더라도 그의 부흥설교의 탁월함에 대한 인정이요, 나아가 그의 설교가 설교전달(communication)의 한 모범임을 긍정하는 것이다. 추상(秋霜)같은 죄의 질책에 가슴을 뜯으며 뒹구는 회중, 재치와 유머에 웃음바다가 된 예배당, 회중과 설교자가 하나가 된 설교 시간, 수많은 사람의 회심과 변화이다.[7]

아무튼 이성봉의 부흥설교는 그 당시 가장 쉽고 서민적인 용어를 선택하면서 설교했고, 남녀노유 빈부귀천, 지역을 불문하고 대중적인 지지 속에서 회중의 사랑받는 설교를 했다. 특히 사회, 정치, 경제적으로 가장 큰 절망과 고통 속에 있는 백성들에게 소망과 위로를 전하는 부흥설교였다.

둘째, 회개와 구원에 기초한 사중복음 설교이다.

이성봉 부흥설교의 특징은 요즈음의 무조건적인 기복사상에 입각한 축복설교와는 차별성을 갖는다. 그의 설교는 철두철미한 회개와 구원의 확신이라는 양대 산맥을 지닌 설교이다. 강근환은 『이성봉 목사의 부흥 사역의 특징』에 대해 다음과 같이 언급했다.

---

[7] 정인교, 『이성봉 목사의 생애와 설교』, 128-29.

이성봉 목사가 부흥집회를 할 때 많이 사용하였던 『천로역정 강화』와 『명심도 강화』 그리고 『요나서 강화』 등이 모두 죄로부터의 구원의 확신에 초점을 두고 있다. 천로역정 강화에서 기독도가 장망성을 떠나 천성을 향하여 가는 과정, 『요나서 강화』에서 요나의 불순종의 결과와 회개의 결과, 그리고 그 변화 과정, 명심도 강화에서 구원받기 전후의 인간 심정의 변화 과정 등을 통하여 일관되게 외치는 메시지는 "죄의 값은 사망이요 하나님이 주시는 은혜는 영생의 복락(롬 6:23)이다. 그러므로 회개하라. 죄 지은 사람이 지옥 가는 것이 아니라, 회개하지 않는 사람이 지옥가는 것이다"라고 했다.[8]

이성봉은 철저한 회개와 구원의 확신을 기초로 그가 전한 복음은 성결교회의 신학사상인 '중생·성결·신유·재림'의 복음을 초지일관 전했다. 그는 이 사중복음을 초교파적으로 전국적으로 설교함으로 타 교단으로부터 여러 가지 제재와 어려움을 겪기도 했지만 사중복음은 그의 체험적인 신앙이었기에 그는 성결교회의 정체성을 마지막 순간까지 잃지 않았다.

셋째, 예화와 찬송이 있는 들리는 교리적 설교이다.

이성봉 설교의 상당한 부분을 차지하는 설교는 교리적 설교이다. 그가 부흥회 시 즐겨 사용했던 설교의 내용은 "주로 낮 부흥집회에서 청중에게 많은 감화를 주었던 세 권의 책이다. 즉 『천로역정 강화』(1949),

---

[8] 강근환, "이성봉 목사 부흥사역의 특징," 「활천」 560권 7호(2000. 7), 25.

『명심도 강화』(1956), 『요나서 강화』(1957)"⁹이다.

그런데 이 세 권의 내용은 모두 교리적 주제와 내용이지만 예화, 이야기, 찬송을 통하여 들리는 설교를 했다. 특히 이성봉은 예화 사용과 찬송의 선택이 탁월했다. 정인교는 이성봉의 예화와 찬송 사용에 대해 다음과 같이 언급했다.

> 이성봉은 그의 설교에서 통상 대지 수만큼 예화가 등장하는데 주로 이 목사 자신의 집회와 목회에서 체험한 내용과 천로역정 예화가 주를 이룬다. … 그는 설교 중에 혹은 설교를 마치면서 자신이 찬송가 곡조에 맞추어 작시한 찬송을 즐겨 애창함으로써 전체 분위기를 일신하며 설교에 탄력을 불어넣었다.¹⁰

이러한 그의 설교는 회중을 집중하게 하는 효과와 함께 다음 세대의 부흥 설교자들에게 좋은 영향을 주었다. 이성봉은 『천로역정 강화 · 명심도 강화 · 요나서 강화』에 실린 "성화의 사람"이란 명심도 강화 설교에서 믿음을 끝까지 지켜 면류관을 받게 될 곳인 하늘나라를 그리는 "그리운 내 고향"이란 찬송을 설교 중에 다음과 같이 불렀다.

> 1. 하늘나라 우리 집 보석성의 내 집은 영원무궁하도록 낡아짐이 없으며 영원무궁하도록 낡아짐이 없도다

---

9 박형신, "이성봉 목사의 부흥설교 연구: 명심도강화를 중심으로," 「신학과 선교」 47권 10호(2015. 11), 182-83.
10 정인교, 『이성봉 목사의 생애와 설교』, 132-34.

2. 보석성의 우리 집 해와 달과 등불이 비취임이 없어도 항상 밝은 곳 일세 비취임이 없어도 항상 밝은 곳 일세

3. 하늘나라 내 집은 먹을 예비 안 해도 열두 종류 다달이 열매 맺어 주도다 열두 종류 다달이 열매 맺어 주도다

4. 보석성의 내 집은 의복 준비 안 해도 세마포와 흰옷이 무궁 무진하도다 세마포와 흰옷이 무궁 무진하도다

5. 하늘나라 성도들 우리 임금 우리 주 영원 무궁하도록 경배 찬양 하도다 영원 무궁하도록 경배 찬양 하도다.[11]

넷째, 삶과 인격으로 전하는 설교이다.

필립스 브룩스는 설교에 대해 정의하기를 "설교란 인격을 통한 진리의 전달"[12]이라고 했다. 설교는 설교의 내용이라는 진리와 설교자의 인격이 조화를 이루어야 효과적인 설교가 될 수 있다. 설교가 단순히 학식을 자랑하는 것이나 달변으로만 구성되는 웅변이 아니므로, 설교는 설교자의 인격이 뒷받침이 되어서 전하는 진리의 전달임에는 틀림없다.

이에 이성봉의 삶과 설교를 살펴보면 밀접한 관계가 있다. 그는 설교하기 이전에 그의 삶과 인격이 보증수표가 되어서 설교가 회중에게 공감과 마음의 문을 이미 열어 놓았다. 『부흥의 설교』라는 이성봉 설교집의 개정판 서문에서 정승일은 설교자로서 이성봉의 삶을 다음과 같이 언급했다.

11　이성봉, 『천로역정 강화 · 명심도 강화 · 요나서 강화』 (서울: 생명의말씀사, 1993), 268.
12　Phillips Brooks, *Lectures on Preaching*, 5.

한국의 무디라고 불리는 이성봉 목사님은 이성 문제, 금전 문제, 명예 문제에서 전혀 흠을 찾을 수 없을 만큼 성직자로서의 성결한 생활과 영혼 구원을 위한 열정적인 순수한 신앙을 가지셨던 분이기에 모든 성직자에게 있어서 현대 성직자 상(像)의 이정표가 될 것입니다.[13]

이성봉은 30여 년간 부흥사로서 부흥설교를 하면서 많은 어려움이 있었다. 특히 연로하여서 당뇨병 말기로 다른 사람의 부축을 받을 수밖에 없는 형편에서도 "말로 못하면 죽음으로"[14]라는 결사적인 각오와 희생으로 설교했다. 또한, 그는 여러 가지 유혹과 탐심을 자극할 만한 요소들이 있었음에도 불구하고, 오직 주님만 바라보면서 설교자의 삶을 산 '삶으로 설교하신' 설교자의 모델임에는 틀림없다.

4. 이성봉 설교에 대한 분석

이성봉의 감화력 있고 영감이 넘치는 훌륭한 부흥설교에도 불구하고 설교학적으로 아쉬운 부분이 몇 가지 있다.

첫째, 김운용은 "그의 설교에서는 '은혜의 복음'(the gospel of grace)적인 요소가 약화되므로 허무주의(虛無主義)적 경향이 농후하다"[15]고 지

---

13 이성봉, 『부흥의 비결』, 3.
14 이성봉, 『부흥의 비결』, 254.
15 Unyong Kim, "Faith Comes From Hearing," 29.

적했다. 이는 일제의 수탈과 한국전쟁의 고통에서 해방받기를 원하는 백성들의 심정을 대변해 주기도 했지만 종종 설교의 마지막에 그가 작시한 허무가가 등장하고 있다. 그의 "예수님은 누구신가"(마 16:13-19)라는 설교에서 맨 마지막에 나오는 허무주의적 찬양이다.

> 세상만사 살핌이 참 헛되구나
> 부귀공명 장수는 무엇하리요
> 고대광실 높은 집 문전옥답도
> 우리 한 몸 죽어지면 일장에 춘몽
> 인생 일귀 북망산 불귀객 되니
> 일배황토 가련코 가이 없구나
> 솔로몬의 큰 영광 옛말이더니
> 부귀영화 어데가 자랑해 볼까
> 홍안 소년 미인들아 자랑치 말고
> 영웅호걸 열사들아 뽐내지 말라
> 유수같은 세월은 늙어 족하고
> 저 적막한 공동묘지 너 기다린다.[16]

이런 허무가가 설교의 문제 제기로 등장하고 복음으로 설교가 마친다면 더 복음적이고 효과적인 설교가 될 수 있다고 생각한다. 암울한 그 시대에는 복음적인 요소보다 율법적이고 허무주의적 요소가 용납

---

16 정인교 편, 『말로 못하면 죽음으로』, 58; 김운용, 『한국교회 설교역사』, 320을 보라.

된 시대이기는 하지만 아쉬움이 많이 남는다.

가장 보완해야 할 부분은 설교의 '율법과 복음'의 두 가지 요소가 균형 있게 무게 중심을 잡아서 설교가 진행되었어야 함에도, 이성봉의 허무가를 비롯한 많은 설교가 '율법과 성화적 삶'의 부분은 강조되었지만, '오직 믿음'(Sola Fide), '오직 은혜'(Sola Gratia)의 부분은 상당 부분 간과되어서 설교가 진행되었다는 점이 아쉬움으로 남는다.

둘째, 부흥설교에서 '전도'에 대한 강조가 약화되었다. 미국의 제1차와 2차 대각성 운동의 경우 복음 전도가 매우 강조되었으며, 초기 한국선교의 선교사들과 초기 설교자들의 상당 부분이 복음 전도에 많은 부분을 할애한 것과 비교한다면 부흥설교에서 전도라는 주제가 약화된 것은 의외라고 생각된다. 그러나 정인교는 이 부분에 대해 다음과 같이 언급했다.

> 이런 특징은 이 목사의 일차적 관심이 복음에 올바로 서지 못했던 기존의 교회와 신자들을 바로 세우고 그들에게 구원의 확신을 심어 주어 그리스도의 군병으로 양육하기를 원하는 데서 비롯된 듯하다. 올바른 성도가 없이 교회의 외적 성장에만 급급함으로 대책 없는 사이비 교인만 양산하는 문제점을 뼈저리게 느끼고 있었기 때문이다.[17]

셋째, 본문의 밀도 있는 본문 주석의 약화이다. 이성봉 부흥설교의 대부분은 본문의 주석과 해석이 약하고, 세 가지 이상의 대지로 구성

---

17 정인교, 『이성봉 목사의 생애와 설교』, 127.

되고, 너무 많은 성경 구절을 제시함으로 본문의 깊이 있는 주석을 방해한다. 그의 설교 "바울의 전도의 승리의 비결"(살전 1:5)에서 그의 설교를 살펴보자.

> 바울은 참으로 성공의 전도자다.
> 그 비결은 무엇인가?
> **첫째**, 순복음을 전하였다(갈 1:6-9; 롬 1:16).
> **둘째**, 권능으로 전하였다(갈 1:5; 고전 4:20; 고전 2:4-5).
> **셋째**, 성령으로 내적 은혜가 충만하였다(살전 1:6; 행 9:17-18; 행 16:6; 롬 5:5; 갈 5:22-23; 요 7:37-38).
> **넷째**, 생활이 의롭고 거룩하였다(살전 2:10).
> **다섯째**, 생명을 내어 걸고 사랑하였다(살전 2:8).[18]

대부분의 설교자는 성경 구절을 많이 인용하면 성경적 설교라고 생각할 수 있지만 토마스 롱(Thomas G. Long)은 그의 저작 『증언하는 설교』(The Witness of Preaching)에서 다음과 같이 피력했다.

> 성경적 설교란 성경 본문이 중심이 되어 설교의 내용(content)과 목적(purpose)을 이끌어 가는 설교를 의미한다. … 성경적 설교란 성경 본문을 한 설교에서 얼마나 많은 횟수로 인용하느냐의 문제가 아니다. 성경으로 시작하여 성경으로 마친다 할지라도 성경적 설교가 아닐 수 있다.[19]

---

[18] 이성봉, 『부흥의 비결』, 117-8.
[19] Thomas G. Long, *The Witness of Preaching* 2nd ed. (Louisville, KY: Westminster/John-

왜냐하면, 성경적 설교란 성경 본문이 중심인지, 설교자가 중심인지를 가늠하는 '설교 철학'이기 때문이다. 즉 "성경적 설교란 설교 본문이 주인이 되어서 설교자의 생각, 사상, 설교의 내용과 목적까지 지배하지만, 비성경적 설교는 설교자가 본문을 지배한다"[20]고 보기 때문이다.

이성봉의 많은 설교는 설교자가 설교 본문보다 더 우위에 있음으로 나타나는 비성경적 주제설교의 모습을 종종 발견할 수 있다. 또한, 수없이 많은 부흥설교를 하면서 다양한 설교의 형태를 가지고 진행되었으면 하는 아쉬움이 많이 남는다.

그럼에도 불구하고 1930-60년대의 가장 암울한 대한민국 시기에 곤고한 백성들을 위로하고 소망을 주는 그의 설교는 한국 부흥설교의 좋은 모델이면서 원형(原型)으로서 조금도 손색이 없다.

5. 나가는 말

이성봉은 일제의 수탈과 한국전쟁 와중에서 실의와 절망에 빠진 상황에 처한 백성들에게 소망과 위로, 그리고 회개와 은혜를 전한 대중적 부흥사이다. 그의 쉽고 서민적이고 대중적인 위로의 설교, 회개와 구원에 기초한 사중복음 설교, 강화식 교리설교, 예화와 찬송을 기초로 한 들리는 설교 등은 부흥 운동의 파고(波高)를 한층 더 높이는 위대한 것이었다.

Knox Press, 2005), 52.
20 조성현, 『성경적 설교』 (서울: CLC, 2016), 11.

그러나 이성봉의 설교에서 가장 돋보이는 부분은 '인격을 통한 진리의 전달'이다. 그의 청렴함, 명예를 멀리하는 신실함과 재정과 이성에 대해 깨끗한 모습, 그리고 오직 복음을 향한 열정 등은 그의 설교를 더욱 돋보이게 하는 고귀한 것이었다. "설교가 인격을 통한 진리의 전달"이라는 명언은 다시 한번 한국교회의 설교자들에게 크게 울리는 경종(警鐘)임에는 틀림이 없다.

제9장

한경직 목사의 설교 세계
로고스, 파토스, 에토스의 삼 요소가 있는 설교

한경직 목사(1902-2000)

1. 들어가는 말

각 시대마다 그 시대가 요청하는 설교자의 유형이 다르다. 고대 시대에는 산파조의 웅변가 설교자를 필요로 했으며, 가난하고 병들고 찌든 삶 속에서는 이적과 축복을 설교하는 설교자를 요구했고, 핍박과 압제 가운데 있는 시대에는 순교하는 설교자를 원했다.

그러나 현대에 와서는 낮아지고 겸손하며 삶으로 설교하며 섬김의 모습을 보여 주는 설교자를 원하고 있다. 이런 유형의 대표적인 설교자가 바로 추양 한경직(韓景職, 1902-2000)이다. 이에 한경직의 설교 세계로 떠나 보자.

2. 한경직의 생애와 사역

한경직은 평남 평원군에서 1902년 12월 29일에 태어났다. 오산학교와 숭실전문학교를 졸업했다. 그 후 그는 신학을 공부하기로 결심하고 대학을 졸업한 후 미국의 엠포리아대학교와 프린스턴신학교(M.Div.)에서 공부하여 졸업했다. 그 후 예일대학교 박사 과정에 진학하여 더 수학하려 했으나 건강상의 이유로 학업을 중단하고 1931년 한국에 귀국하여 잠시 교직에 머물렀으나 얼마 후 목회의 길로 접어들었다. 그 첫 목회지가 신의주 제2장로교회였으나 1941년 신사참배 거부 문제로 일본 경찰에 의해 교회에서 추방당했다. 해방 후 공산당에서 기독교 지도자 체포령이 내리자 월남하여 1945년 12월 피난민 27명과 함께 영락교회의 전신인 베다니전도교회를 설립했다. 그의 열정적인 목회로 교회는 급속히 부흥하여 1950년 5월에 준공했다. 그러나 입당예배를 드린 지 20여 일 후에 한국전쟁이 일어나서 교인들이 피난지로 흩어지면서 부산, 대구, 제주도에 함께 모여 예배를 드리게 되었는데 그때 지역에서 영락교회가 시작되었다.[1]

전쟁 가운데서도 군복음화의 중요성을 깨닫고 필생의 사역이었던 군복음화 운동을 시작했다. 또한, 전쟁 중에도 목회자들을 중심으로 구국기도회, 밥 피얼스(Bob Pierls)와 빌리 그래함(Billy Graham)을 초청하여 전도집회를 열게 되어 한국교회가 숫자적으로 큰 부흥을 경험했다. 1955년에는 교단의 총회장으로 있으면서 교육, 군선교, 병원선교, 고아원과 양로원, 개척선교, 세계선교, 산업선교, 외항선교 등 끝없이 많은 사역을 감당했다. 한경직은 1973년 1월 2일 영락교회의 담임목사직을 은퇴하고 원로목사로 추대되었다. 그때의 나이는 71세로 31세의 나이에 신의주 제2장로교회에서 목회 사역을 시작한 지 꼭 40년 만이었다. 은퇴 후에도 국내외적으로 많은 사역을 펼치다가 그의 나이 90세가 되던 1992년 종교 노벨상으로 알려진 템플턴상을 수상했다. 그 후 한경직은 2000년 4월 세상을 떠났다.[2]

한경직이 살았던 시대는 대한민국이 가장 어려웠던 수난과 고통의 시대였다. 조선 말기에 어수선한 정치적인 소용돌이 가운데서 1910년

---

1   김운용, "한경직," 『설교학 사전』, 545-46.
2   김운용, "한경직," 『설교학 사전』, 546-47.

에 한일합병이 되고, 1919년 3·1 운동이 실패로 돌아가고, 일제의 탄압이 극심하여 신사참배와 창씨개명, 기독교에 대한 핍박으로 기독교는 양분되어 고통을 받기에 이르렀다.

그러나 1945년 해방을 맞이했지만 좌우익의 갈등 소용돌이와 1950년 한국전쟁, 유신 시대, 신군부 시대를 거치면서 한경직은 대한민국의 굴곡진 역사와 함께했다. 이러한 소용돌이 가운데서 한경직은 두 교회에서만 사역했지만 한국교회에 강력한 선한 영향을 주었던 목회자요, 설교자요, 연합운동가였다.

한국 기독교 역사에서 아름답게 섬김의 삶을 살았던 거목인 한경직은 한국교회에 큰 족적을 남긴 귀한 영적인 별이었다. 한경직은 '참 앎 삶'의 목회자요 설교자였다. 참되신 예수 그리스도를 진정으로 따랐고, 그 예수 그리스도를 알았으며, 그 예수 그리스도의 삶을 그대로 이 땅에서 실천한 영적인 거인이요, 위대한 설교자였다.

3. 한경직의 신학사상

한경직이 유학했던 프린스턴신학교(1926-1929, M.Div. 과정)는 장로교의 교역자를 양성하는 신학 기관으로 근본주의 경향의 신학인 '칼빈주의적 정통신학'에 기초를 가지고 신학을 가르친 신학교였다.

그러나 19세기 말부터 독일의 성서 비평학이 미국의 신학교에 영향을 주면서 프린스턴신학교도 강한 영향을 받게 되었다. 그리하여 프린스턴신학교는 자유주의 신학을 수용하려는 소장파 학자들과 정통주의 신학을 고수하려는 노장파 학자들 간의 치열한 신학 논쟁이 있었고 결국은 신학교가 분열하는 아픔을 그는 목도했다. 이때 한경직은 자기의 신학 노선과 분명한 신학적 입장을 정리해야 했다.

첫째, 한경직의 신학사상은 '온건한 신정통주의' 혹은 '성서적 복음주의 신학'이다.

한숭홍은 한경직의 신학사상에 대해 그 당시 프린스턴신학교에서 함께 유학했던 한국 유학생들과의 신학사상을 비교하면서 다음과 같이 말했다.

> 한경직은 박형룡처럼 극단적인 정통보수주의나 기계적 영감론자가 아니고, 그렇다고 해서 김재준처럼 자유주의 신학도 아니고, '온건한 신정통주의'나 '중용신학' 그리고 온건 보수주의 신학으로 현재 예장 통합 측이 표방하는 신학적 성향이라 볼 수 있다.[3]

그러므로 한경직의 신학적 경향은 '열린 보수주의,' '건전한 보수주의' 혹은 '성서적 복음주의' 신학으로 볼 수 있다.

둘째, 한경직은 교회연합 활동에 적극적인 '에큐메니컬'(ecumenical) 신학을 지니고 있다.

한경직은 미국 유학 시절뿐만 아니라, 한국에서의 교회 분열을 몸소 경험했다. 1951년에 장로교는 신사참배 문제로 고신 측과 분열했고,

---

[3] 한숭홍, "한경직의 생애와 사상 I," 「목회와 신학」 1992년 7월호, 187-88.

1953년에 자유주의 신학 논쟁으로 기장 측과 분열했고, 1959년 WCC 문제로 합동 측과 통합 측이 분열하는 아픔을 경험했다.

그러므로 한경직은 신앙고백이 같으면 다른 점을 인정하고 교회가 일치되는 방향으로 나아가야 한다는 '다양성 속의 일치'를 주장했다. 이종성은 한경직의 에큐메니컬 신학에 대해 다음과 같이 서술했다.

> 교계 지도자로서의 한 목사님은 언제든지 화평주의였습니다. 먼저는 기장 측과 또 뒤에는 합동 측과 갈라질 때 쓰라린 경험을 많이 겪으셨습니다. 비판도 많이 받으셨습니다. 한 목사님은 신앙이 뚜렷합니다. 복음적이면서도 에큐메니칼주의입니다. 당신의 말씀을 빌면 신앙은 복음주의이고, 교회 운동은 에큐메니칼주의입니다. 진짜 복음주의는 에큐메니칼일 수밖에 없습니다. 배타적이 되다 보면 바리새적인 율법주의자가 되기 쉽다고 봅니다. 그분은 복음의 진수를 잘 지켜 나가면서 언제든지 화평주의였습니다. 일찍이 세계교회에 눈뜨셨고 한국교회의 갈 길을 잘 아셨습니다.[4]

셋째, 한경직은 '청교도적 신학'에 따라 '청렴'과 '청빈'을 삶의 지표로 삼았다.

청교도(淸敎徒, Puritan)는 영국에서 칼빈주의를 신봉하는 신교의 개혁파로서 잉글랜드 국교회(Church of England)에 반대하여 국교회의 가톨

---

4 이종성, "참 복음주의의 실천자," 『한경직 목사』, 김병희 편저 (서울: 규장문화사, 1982), 145-46.

릭 제도를 배척하고 칼빈주의에 입각한 철저한 개혁을 주장했다. 이들은 교회의 해석이나 전승보다 성경의 권위를 존중하고, 예배에서 가톨릭의 미신적 요소를 배격하며, 특권 계급을 암시하는 사제들의 제복을 폐지하고, 성만찬의 비성경적 의식을 반대하면서 교회의 개혁과 정화를 요청했다 하여 '퓨리턴'(Puritan)으로 불렀다.[5]

이들의 운동은 1559-1567년 동안 영국 사회의 여러 분야에 절대적인 영향을 끼쳤는데 『실낙원』의 저자인 존 밀턴(John Milton, 1609-1674), 『천로역정』의 저자인 존 번연(John Bunyan, 1628-1688), 『참 목자상』의 저자 리처드 박스터(Richard Baxter, 1615-1691), 조나단 에드워즈(Jonathan Edwards, 1703-1759), 찰스 스펄전(Charles H. Spurgeon, 1834-1892), 마틴 로이드 존스(Martyn Llyod-Jones, 1889-1981) 등으로 계보가 연결된다. 청교도들은 단순하고 평이한 스타일의 설교를 주창하며, 설교가 인간을 구원하는 유일한 방법이라고 주장하며, 설교의 강조점도 하나님의 주권, 인간의 전적 부패, 하나님의 은혜를 강조했다.[6] 그리고 삶의 단순성을 주장했다. 김준곤은 한경직에 대해 다음과 같이 말했다.

> 그는 영원한 청교도다. 그가 청렴성빈(淸廉聖貧) 생활을 한 것은 너무나 잘 알려진 사실이다. … 옷을 벗어 주고 봉급을 털어 줘서 사모님이 많은 애를 먹었다는 일화들이 있다. … 그리고 그가 하는 일은 선전이 없다. 오른손이 하는 일을 왼손이 모르게 하는 숨은 이야기가 더 많다.[7]

---

5   김창영, "청교도," 『교회용어사전』 (서울: 생명의말씀사, 2013), 768.
6   정장복, "청교도," 『설교학 사전』, 302-7.
7   김준곤, "영원한 청교도," 『한경직 목사』, 120.

이는 경건과 절제 그리고 구제하는 삶, 청빈 등 청교도인들의 신학에 기초한 삶이었다. 은퇴 후 퇴직금을 교회에 헌금하는가 하면, 서울의 대형 주택이 아닌 남한산성에 혼자 거할 수 있을 정도의 작은 18평형 집에서 기거하면서, 목회의 대물림을 의도적으로 거절하고, 기도와 말씀으로 노년을 사신 영원한 청교도 신학의 산실이시다. 그래서 김수진은 이러한 한경직의 삶을 "아름다운 빈손"[8]이라고 명명했다.

4. 한경직의 설교 특징들

한경직의 설교는 신학교 시절부터 대단한 명성이 있었다고 전해지고 있다. 홍현설은 한경직의 유학 시절을 다음과 같이 묘사했다.

> 한경직 목사님이 미국의 유명한 프린스턴신학교에서 공부할 때의 일이다. 설교학 시간에 시험(설교 시연)이 있었는데 그 설교 내용이 얼마나 감동적이고 내용이 충실했는지 심사하던 교수들이 도리어 한경직의 설교법을 배워야 하겠다는 말이 있을 정도였다.[9]

한경직은 천부적으로 설교의 기본기를 지니고 있었으며, 거기에다 그분의 열정적인 훈련과 전달의 탁월함, 그리고 삶으로 적용되는 겸비

---

8 김수진, 『아름다운 빈손 한경직』 (서울: 홍성사, 2000), 138-43.
9 홍현설, "한국교회의 영원한 참 목자상," 『한경직 목사』, 171.

함이 더해져서 명망(名望) 있는 설교자의 반열에 오른 것이다. 한경직의 설교 특징을 살펴보자.

첫째, 삶과 인격으로 보여 주는 설교이다.

설교학에서 가장 중요한 부분 중의 하나는 바로 '설교자론'이다. 설교자가 어떠하냐에 따라 설교가 들리기도 하고 거부당하기도 한다. 그만큼 설교자의 인격과 삶이 중요하다. 필립스 브루스는 설교에 대해 정의하기를 "설교는 인격을 통한 진리의 전달"[10]이라고 했다.

한국교회 설교사에서 설교가 인격을 통하여 잘 전달된 분들 중에 중요한 분이 바로 한경직이라고 해도 과언이 아니다. 김병희는 한경직의 설교에 대해 "인격의 표출이며, 인자함과 겸손함과 간절함과 성실함으로 일관된다"[11]고 했다. 림인식은 『한경직 구술 자서전 나의 감사』의 발간사에서 한경직의 신행일치 삶에 대해 다음과 같이 기술했다.

> 혹자는 말하길 "어떤 사람의 모습을 보고서 쉽게 예수가 믿어진다면 그 어떤 사람이 바로 참으로 예수 믿는 사람이다"라고 했는데, 한경직 목사님이 바로 그런 분이시다. 한경직 목사님을 본받으면 가장 올바르고 예수 믿는 생활을 하는 것이라고 생각한다. 그럴 정도로 그분은 예수님을 닮으셨다. … 한 목사님을 수십 년 동안 직접 뵈어 왔는데 … 그 어른의 순수하고 변함없이 참된 온유와 겸손에 깊이 감동을 받으며 예

---

10 Phillips Brooks, *Lectures on Preaching*, 5.
11 김병희 편저, 『한경직 목사』, 297.

수님의 온유하심과 겸손하심이 어떠하였다는 것도 깨닫게 되었다. 그리고 사람을 사랑하며 섬기는 생활을 통해 예수님의 참사랑과 봉사도 보게 되었다.

한 목사님이 늘 "목회자는 거짓이 없어야 한다. 언행일치(言行一致), 신행일치(信行一致), 표리일체(表裏一體)의 사람이어야 하며, 하나님을 섬기고, 사람을 대하고, 자기를 지키고, 물질을 대함에 있어서 진실해야 한다"고 말씀하곤 하셨는데 자신이 말씀 그대로 사셨음을 볼 수 있었다.[12]

설교는 '진리'와 '인격'이라는 두 기둥 위에 서 있다. 이 점에서 한경직의 설교는 인격적인 삶으로 적용되었으며, 그의 인격을 통하여 설교를 보증했다. 설교자가 설교한 대로 삶을 산다는 것은 정말 어려울진대, 그는 이런 실천적인 삶을 사시고 설교하신 분이시다.

특별히 한경직의 '온유함,' '겸손함,' '청빈의 삶'은 다른 설교자들이 따라올 수 없는 차원이 다른 고매한 인격의 모습이었다. 한경직은 반대자들의 의견이 강하게 나왔을 때나 강한 주장을 하는 사람들에게 늘 마음을 편하게 하면서 "일리가 있습니다," 그리고 그가 언제나 사용하는 말은 겸손의 표현으로서 "나는 부족한 사람입니다"였다는 사실은 목회자들 사이에서 종종 회자되는 명언이다.

---

12 한경직, 『한경직 구술 자서전 나의 감사』 (서울: 두란노, 2013), 6-7. 이 책은 한경직 목사가 1975년 기록한 구술 노트와 1981년 구술 녹음 자료를 바탕으로 정리한 것이다.

김병희는 한경직이 말한 '겸손한 삶'에 대해 다음과 같이 회고하면서 서술했다.

> 겸손은 하루 아침에 이루어지는 일은 아닙니다. 10년도 부족한 공부입니다. 평생을 살면서도 겸손의 온전한 것을 경험하지 못하는데 우리는 겸손을 모르고 사는 일이 많습니다. 겸손은 내가 가장 안전한 데서 살 곳입니다. 겸손이 충분해 가면 내가 서 있는 곳이 튼튼해지는 것과 다름없습니다. 또 겸손을 잃고 나면 내 손에 총을 가지고 사는 것과 마찬가지입니다. 총을 들고 살면 총을 든 사람들만 나를 찾아옵니다.[13]

그 인격의 고귀함은 또 있다. 그가 한국교회의 대표적이고 규모 있는 대형 교회의 목회자이었음에도 불구하고 그가 이 세상을 떠날 때 남긴 재산은 "만년에 타고 다니던 휠체어와 지팡이, 겨울 털모자, 입던 옷가지, 생필품이 전부였다"[14]고 전해지는데 이는 강단에서 열정적으로 설교한 설교자의 모습보다도 더 강력한 메시지였음에는 틀림없다.

이는 삶으로 보이는 설교의 한 대목이다. 한경직은 『신앙생활과 절제』라는 설교에서 그리스도인의 삶에 대해 다음과 같이 언급했다.

> 마음 가운데 성나지만 노하기를 더디하는 자는 분노를 제어할 줄 아는 사람이고, 마음을 다스린다는 사람은 자기 마음 가운데 대단히 울분해

---

13 김병희 편저, 『한경직 목사』, 305-7.
14 김운용, "한경직," 『설교학 사전』, 547.

서 분노가 폭발해서 올라오지만 그것을 제어해서 적당하리만큼 쓰는 사람이고, 감정을 절제 있게 쓰는 사람이올시다.

성날 때 감정의 절제를 할 줄 모르면 많은 실수에 빠지기 쉽습니다. 알렉산더 대왕 같은 유명한 영웅도 일시의 분노를 이기지 못해서 평생의 동지요 가장 사랑하는 명장을 죽인 일이 있습니다. 감정의 절제가 참으로 중요합니다. …

우리 믿는 사람은 나만 위해 사는 것이 아닙니다. 나도 살고 다른 사람도 살리기 위해서 삽니다. 그것이 그리스도의 사랑의 생활입니다. 나만 사는 것이 목적이 아닙니다. 나도 살고 다른 사람도 살리는 것이 우리 믿는 사람의 생활입니다. …

우리가 그리스도인으로서 우리의 생활을 하려고 할 것이면 우리 기독교인의 생활에 근본 이념에서 절제를 하지 않으면 우리가 참으로 그리스도의 뒤를 따를 수가 없습니다.[15]

한경직은 자신이 그리스도인의 삶과 인격을 귀한 가치로 여긴 것과 같이, 신자들에게도 절제, 온유, 겸손, 섬김, 청빈과 같은 그리스도인의 올바른 삶의 주제에 대해 설교에서 매우 비중 있게 다루고 있었다. 한경직은 현역 시절에도, 은퇴 후에도, 죽음 이전까지 '삶의 설교자'요, '인격의 설교자'였음에는 틀림없다. "설교자의 삶만큼 설교가 들린다"는 말은 한경직의 설교를 일컫기에 조금도 손색이 없다.

---

[15] 한경직, 『한경직 목사 설교전집』 2권 (서울: 한경직 목사 기념사업회, 2009), 24-32.

둘째, 교회를 세우는 설교이다.

한경직은 철저하게 교회 중심적인 사상을 가지고 있었으며, 교회를 든든히 세우는 설교를 해왔다. 그가 30년간 사역한 영락교회를 중심으로 영혼을 구원하기 위하여 전도하고, 성도들을 교육하고, 교회가 중심이 되어서 사회에 선한 영향력을 끼치고, 민족을 복음화 시키고, 나라와 국가를 바로 세우는 비전을 가지고 교회를 든든히 서게 하는 설교를 했다.

이철신은 『한경직 목사의 시사설교 모음집』의 머리말에서 교회를 중심으로 한 한경직의 균형 잡힌 목회와 설교에 대하여 다음과 언급하였다.

> 한경직 목사님은 균형 잡힌 목회를 추구했습니다. 한경직 목사님이 정한 영락교회 신앙지도 원칙은 4가지입니다. 경건한 복음주의 신앙의 육성, 청교도적 생활 윤리의 훈련, 교회연합 정신의 구현, 세상에서 하나님의 공의의 실현이 그것입니다. 균형이 잘 잡힌 4가지 신앙지도 원칙을 가지고 교회를 목회하고 성도들을 지도했습니다. 그리고 교회의 목표를 3가지로 설정했습니다. 전도, 교육, 봉사입니다. 균형 잡힌 교회의 목표를 가지고 균형 잡힌 목회를 했습니다. 자연히 한 목사님의 설교는 균형 잡힌 설교가 되었습니다. 개인구원을 위해 전도에 힘을 쏟으면서도, 사회와 나라를 위해서 해야 할 교회와 교인의 책임에 대해서도 설교했습니다.[16]

---

[16] 한경직, 『한경직 목사의 시사설교 모음집』 (서울: 두란노, 2010), 6-7.

한경직이 영락교회 창립 1주년 기념예배에서 행한 "교회란 무엇인가"라는 설교에서 교회를 세우는 그의 설교가 어떠한지를 잘 보여 주고 있다. 먼저 교회의 정의에 대해 구체적으로 언급한다.

> 교회란 우리가 볼 적에 인간적인 듯하지만, 그것은 실로 신적(神的)인 것입니다. 지상의 교회란 사람이 모이고 사람이 조직하고 사람의 힘으로 성장하고 변체(變體)되고 부흥되는 사람의 기관 같지만, 실은 하나님의 것이요, 하나님이 하시는 일입니다.
> 교회는 본래 희랍어로 에클레시아(ecclesia)라고 하여 성별(聖別)된 자의 모임이요, 그리스도의 몸이요, 그리스도의 신부요, 그리스도의 터 위에 건설되는 것입니다. …
> 고로 교회는 가견적이나 또한 불가견적인 기관입니다. 즉 교회는 보이는 부분과 보이지 않는 부분이 있는바, 보이는 부분이란 교파로 나누인 모든 지상의 교회입니다. …
> 그러나 열두 제자의 초석 위에 건설된 교회는 보이지 않습니다. 그것이야말로 우리의 이상이요, 영원한 집인 하늘나라에서는 교파도 없고 국별(國別)도 없고 인종차별도 없습니다. …
> 우리가 모이는 이 지상의 교회는 흠도 있고 티도 있고 부패도 있고 분열도 있으나, 불가견적인 영적 교회는 티나 주름 잡힌 것이나 이런 것들이 없는 거룩하고 흠이 없는(엡 5:27) 것입니다.[17]

---

[17] 한경직, 『한경직 목사 설교전집』 1권 (서울: 한경직 목사 기념사업회, 2009), 19-20.

더 나아가서 한경직은 교회가 어떠해야 하는가를 다루는 '교회의 정체성'에 관한 설교를 계속했다.

> 교회가 서 있는 곳에 개인의 중생과 구원이 있으니 이 개인적 구원이 점차로 사회적 중생과 개혁에 미치는 것입니다. 그러므로 교회가 서는 곳에 사회의 정치, 경제, 문화, 도덕, 각 방면에 새로운 부흥과 정화가 일어납니다. 이렇게 교회는 건전한 국가의 초석이 되는 것입니다. … 교회야말로 국가의 정신적 간성(干城)이며, 황야에 헤매는 대중을 인도하는 진리의 구름 기둥이며, 암야(暗夜)의 행로를 밝히는 광명한 등대이며, 거친 세해(世海), 죄악의 파도에 빠져 죽어 가는 인생들의 구원선이며, 피곤한 자의 안식처이며, 수난자의 피난처입니다. 교회야말로 인간의 최고 이상의 상징이니 여기서 인간은 인간 이상의 존재인 하나님의 자녀가 되는 것입니다.[18]

한경직은 교회가 영혼을 구원하는 구원선이 되는 신자의 신앙생활에 처소가 되는 것뿐만 아니라, 교회가 사회와 국가에 좋은 영향력을 끼쳐서 개인구원뿐만 아니라, 사회적인 기능도 함께 감당해야 함을 언급한 것이다. 실로 한경직은 설교를 통하여 교회의 수직적인 차원과 동시에 인간 세상의 수평적인 차원을 동시에 강조하면서 통전적인 교회론을 가지고 교회를 든든히 세우는 설교를 했다.

---

[18] 한경직, 『한경직 목사 설교전집』 1권, 21-22.

셋째, 쉽고 감동을 자아내는 주제설교이다.

훌륭한 설교의 특징은 깊은 성경의 내용이 있으면서, 누구나 알아들을 수 있는 설교가 되어야 회중에게 감동을 줄 수 있다. 이런 설교를 한 분이 바로 한경직이다. 정진경은 한경직의 설교에 대해 다음과 같이 말했다.

> 한 목사님의 설교는 가장 성서적이고 보수적이면서도 그 다루고 있는 폭이 상당히 넓다. … 한 목사님의 설교는 그 내용에 담긴 사상은 깊고 넓지만 복음을 설명하는 데 사용하는 용어나 해석은 어떤 계층의 사람이든 이해할 수 있는 평이함에 그 특색이 있다.[19]

이는 한경직의 설교가 대중적이면서 동시에 한 사람에게 다정다감하게 설교하기에 회중에게 '들리는 설교'임을 암시하고 있다. 정성구는 한경직의 설교에 대해 다음과 같이 평했다.

> 한경직 목사의 설교는 누구나 알아들을 수 있어 평범하면서도 감동에 젖게 하고 소박하면서도 복음의 핵심을 찌른다. 그는 한 편의 설교에서 반드시 한 개의 메시지를 가슴에 심어 준다. … 한경직의 설교는 독자적이지만 한국교회의 스펄전이라 불리는 김화식 목사(1894-1948)의 성경적이고 논리적이고 명쾌함과 내용 전개나 음성의 고저강약을 잘 구사하는 특징이 비슷하다.[20]

---

[19] 정진경, "지덕을 겸비한 목자상,"『한경직 목사』, 154-55.
[20] 정성구, "한경직의 설교를 논함,"「목회와 신학」, 201-2.

또한, 이종성은 한경직의 쉽고 감동을 주는 설교에 대해 다음과 같이 서술했다.

> 설교가로 볼 때 참 평범하셨습니다. 아주 쉽게 누가 들어도 이해할 수 있는 설교를 하셨고 예화를 들어도 그 부분에 아주 적절하게 잘 하셨습니다. 나는 예화를 들어도 잘 맞지 않는 것 같은데, 한 목사님의 예화는 어쩌면 그렇게 잘 맞는지 감탄할 정도입니다. 목사님의 설교 특징은 한두 곳에 가서는 꼭 듣는 사람의 마음을 찔러 주는데, 이 점이 그분 설교의 장점이 아닌가 합니다. 누가 들어도 부담 없이 들을 수 있도록 평범하면서도 사람의 마음을 찌르는 그런 점이 있었습니다.[21]

한경직은 이러한 쉽고 감동을 자아내는 설교를 '주제설교'라는 틀에 담아서 설교했다. 그러나 주제설교의 특성상 설교가 상황(context)으로부터 본문(text)으로 나아가기에 잘못하면 '비성경적인 설교'(non-biblical preaching)가 되기 쉽지만 한경직의 주제설교는 좀 다르다. 김운용은 한경직의 주제설교에 대해 다음과 같이 언급했다.

> 한경직의 설교는 주제를 중심으로 해서 전개되는 주제설교의 형태를 취한다. 본문에 깊이 파고들거나, 본문이 가진 신학적 역사적 의미들을 강해하는 설교도 아니다. 그러나 설교의 주제를 중심으로 본문과 함께 어우러져 가면서 그 주제를 다양한 각도에서 설명해 주면서 신앙

---

21 이종성, "참 복음주의 실천자," 『한경직 목사』, 144.

생활에 적용이 되도록 하는 형태적 특징을 가진다.

본문에서 핵심 구절이 정해지면, 그것을 중심으로 제목이 정해지고, 다양한 측면에서 설명이 제시되며, 삶에 적용하는 스타일을 취한다. 그는 무엇보다도 시대적 정황을 읽고 그 해답을 성경을 통해 제시한다. 주제를 중심으로 풀어 가면서도 어떤 본문이든지 역사적 배경과 의미를 설명하려고 하면서 본문으로부터 벗어나지 않으려는 노력이 계속되고 있음을 알 수 있다. 주제설교이면서도 본문이 외면되지 않고, 상황이 강조되고 그리스도인의 삶과 윤리가 강조되면서도 결코 복음이 외면되지 않는 조화를 이루는 설교였다.[22]

한경직의 설교는 존 스토트가 말한 본문과 상황, 본문성과 현장성을 균형 있게 강조하는 "다리 놓기"[23]라는 차원의 '성경적 주제설교'를 쉽고 평이하게 그리고 감동적으로 전달했다.

넷째, 말씀(logos), 열정(pathos), 인격(ethos)이 있는 설교이다.

설교는 단지 한두 가지의 요소로 결정되는 단순한 행위가 아니다. 좋은 설교나 좋은 설교자가 되기 위해서는 갖추어야 할 여러 가지 요소가 있다. 바로 말씀과 내용(logos), 열정과 정념(pathos), 인격과 설교자 됨(ethos)이다. 이에 한경직은 좋은 설교자가 되기 위한 세 가지의 요소

---

[22] 김운용, "강단의 거성 한경직의 설교세계," 「장신논단」 제18호(2002), 527. 그러나 정성구는 한경직의 설교에 대하여 "강해설교도 아니고 주제설교도 아니다. 굳이 말하자면 '본문 주제설교'였다. 본문에서 주제를 하나 잡으면 그 주제를 여러 각도로 해설하고, 그것이 신앙생활에 적용이 되도록 하는 형식을 취했다"고 했다. 정성구, "한경직의 설교를 논함," 「목회와 신학」, 211을 보라.

[23] John Stott, *Between Two Worlds: The Challenge of Preaching Today*, 135.

를 다 가지고 있었다. 정성구는 한경직의 설교를 가리켜 "한경직 목사의 설교는 설교학의 교과서라고 할 수 있을 만큼 하나의 모델이 되었다"[24]고 평했다.

① 로고스(logos)이다.

로고스는 '예수의 말씀,' '이성적 호소,' '논리,' '내용'으로 표현되는데 마틴 로이드 존스(Martyn Lloyd-Jones)는 이것을 "불붙는 논리"(logic on fire)[25]라고 표현했다. 감화력이 떨어지는 설교의 대부분은 분명한 논리나 통일성이 없이 지리멸렬(支離滅裂)하는 듯한 설교가 대부분이다. 설교자 자신이 분명히 본문이나 설교의 내용을 숙지하지 못한 상태에서 설교를 하기에 설교가 어렵고 논조가 없어 보인다. 그리고 자료가 부족하고 궁색하다.

이런 점에서 한경직의 설교는 폭넓은 독서를 통해서 인문과학, 자연과학, 동서고금의 고전, 영자신문, 여행으로부터 얻은 다양한 예화들이 설교의 하모니를 이루었다. 특별히 예수의 말씀을 중심으로 한 '불붙는 논리'가 있는 설교이다. "예수를 바라보자"(히 13:1-13)의 설교를 보자.

> 항상 그리스도를 바라보면서 한 걸음 두 걸음 풍파 많은 고해를 굴곡이 많고 태산준령이 많은 인생길을 걸어가는 것이 우리 믿는 사람의

---

[24] 정성구, "한경직의 설교를 논함," 「목회와 신학」, 210.
[25] Martyn Lloyd-Jones, *Preaching and Preachers* (Grand Rapids, MI: Zondervan Publishing House, 1971), 97.

모습인 것입니다. … 우리 믿는 사람의 최고 목표는 언제든지 그리스도의 장성한 분량이 충만한 데까지 이르는 그리스도의 가장 고상한 인격까지 이르는 것입니다. … 신앙생활은 세상에 무엇을 보고 사는 것이 아니고 영원하신 어제나 오늘이나 영원하신 예수의 얼굴을 바라보며 사는 것이 우리 신자의 생활이올시다.[26]

한경직의 설교는 브라이언 채플(Bryan Chapell)이 언급한 것과 같이 그리스도 중심의 설교(Christ-centered preaching)로서 예수 그리스도(Logos)가 중심이 되어서 설교(logos)를 통해서 성도들의 삶을 변화시키는 설교를 했다.[27] 그의 설교에는 '오직 예수,' '오직 예수를 바라보자'는 그리스도 중심적인 로고스가 편재되어 있는 동시에, "예수 안에 모든 해답이 있다"는 불붙는 논리가 있음을 보게 된다.

② 파토스(pathos)이다.

파토스는 '열정,' '감성,' '정념'(情念, passion)을 의미하는 것으로 설교자가 밋밋하게 전하는 복음이 아니라, 생명과 혼신을 다해서 전하는 설교의 요소를 말한다. 가장 대표적인 설교자가 조지 횟필드(George Whitefield, 1714-1770)이다. 도널드 디머레이(Donald Demaray)는 임종 전까지 사력을 다해 설교한 횟필드에 대해 다음과 같이 말했다.

---

26 한경직, 『한경직 목사 설교전집』 2권, 150-56.
27 Bryan Chapell, *Christ-centered preaching: Redeeming the Expository Sermon* 2nd ed. (Grand Rapids, MI: Baker Academic, 2005), 18-20.

그는 눈물을 흘림이 없이는 거의 설교를 끝맺지를 못했다. 그의 눈물은 꾸밈으로 흘리는 눈물이 아니라, 잃어버린 자들을 위한 진실한 슬픔의 눈물이었다. 그는 말하길, "하나님께서는 내가 어떤 사람과 여행할 때 그들에게 그리스도를 말하지 않고서 15분 이상 가는 것을 금지하셨다."[28]

이런 설교에 대한 열정과 정열이 위대한 설교자로 탄생시킨 것이다. 한경직의 경우도 마찬가지이다. 영락교회 부목사로 있었던 강신명 목사는 한경직의 설교에 대해 다음과 같이 말했다.

한경직 목사의 설교하는 모습을 보노라면 저렇게 생명을 걸고 설교하면 이 다음에 또 설교할 수 있을까 염려될 정도로 혼신의 힘을 다해 설교했다. 그는 무슨 일을 대하든지 온 정성을 다하여 임한다. 특히 하나님의 말씀을 대언(代言)하는 일에 있어서는 그 간절함이 말할 수 없이 지극했다.[29]

한경직의 설교는 분명 파토스의 화신이었다.

---

[28] Donald Demaray, *Pulpit Giants*, 나용화 역, 『강단의 거성들』 (서울: 생명의말씀사, 1976), 212.
[29] 김병희 편저, 『한경직 목사』, 296.

③ 에토스(ethos)이다.

설교는 "진리(truth)와 인격(personality)"[30]이라는 두 기둥 위에 서 있다. 그런데 이 진리가 설교자의 인격을 통해서 전달이 되는 것은 너무나 당연하면서 중요한 부분이다. 한경직의 설교가 금광석같이 빛이 나는 중요한 원인은 그의 진실되고 정결하며 온유하고 겸손한 품성과 인격 때문이다. 김준곤은 한경직의 에토스에 대해 다음과 같이 언급했다.

> 그는 전도자요, 선한 목자요, 영원한 청교도다. 그가 청렴성빈(淸廉聖貧)한 생활을 한다는 것은 너무나 잘 알려진 사실이다. 시대가 아무리 바뀌어도 환경이 아무리 혼탁하여도 그의 생활은 한결같이 맑고 깨끗하기만 하다. … 그의 활짝 피는 웃음은 티 없이 순수해 보인다. 그는 화(和)의 사람, 순리와 중용의 한국형 신사다. 또 그는 정통성과 정도(正道)의 사람이다. 그의 인품, 그의 교육과 지성, 그의 신앙, 그의 설교는 모두 표준형이고 국제규격품이다. 그래서 그는 흠 없는 것이 흠이다.[31]

설교자의 설교는 설교자의 인격과 정신(ethos)이 담겨 있다. 그래서 설교자의 설교는 신앙고백인 셈이다. 한경직의 설교에서는 그의 아름다운 인격이 그대로 드러나 있다. 한경직의 설교는 훌륭한 설교자의 삼대 조건인 로고스, 파토스, 에토스를 통전적으로 균형 있게 가진 귀한 설교자임에는 틀림없다.

---

30 Phillips Brooks, *Lectures on Preaching*, 5.
31 이영헌 편, 『한경직 예화』 3권 (서울: 규장문화사, 1989), 2-3.

그리고 한경직은 나라를 사랑하는 애국애족의 설교를 많이 했다. 나라를 사랑하는 그의 정신은 오산학교에서 배운 것으로 철저한 애국훈련을 그곳에서 받았기 때문에 자연히 설교도 나라와 민족을 사랑하는 설교를 많이 했다. 그의 일관된 사상은 기독교만이 이 나라를 살리는 유일한 소망이라는 확신에서 애국애족의 설교가 많다.³²

그러나 한경직 설교에 있어서 아쉬운 부분이 있다. 바로 '예언적 설교'의 부족이다. 그는 한국전쟁을 직접 경험한 자로서 공산주의의 잔혹성을 누구보다도 몸으로 체득한 분이시기에 그의 '애국심'과 '반공정신'은 타의 추종을 불허한다. 영락교회의 교우들 대부분이 북에 가족을 두고 내려온 실향민이었기에 정치가 안정되어야 한다는 상황적인 요소들이 많이 작용했을 것이다. 김운용은 그의 예언적 설교의 부족에 대해 다음과 같이 말했다.

> 한반도의 분단 상황과 냉전 체제를 그들의 정권 연장의 주 수단으로 삼았던 1960-70년대는 이것이 언제나 명분이 되어 심각한 인권 유린과 불의가 자행되었던 때였음을 감안한다면 대표적인 목회자요 설교자였던 한경직의 책임은 어찌할 수 없이 무거워질 수밖에 없다.³³

대표적으로 신군부를 위한 '조찬 기도회'에 참석하여 설교한 것 때문으로 보인다. 그러나 한경직과의 대화인 "그리스도인과 애국"에서 그는 다음과 같이 말했다.

---

32 정성구, "한경직의 설교를 논함,"「목회와 신학」, 204.
33 김운용, "강단의 거성 한경직의 설교세계,"「장신논단」, 528.

정치와 종교는 분리되어야 합니다. … 한국적인 상황 아래에서 교회의 예언자적인 발언은 마땅히 할 것이나 언제나 사회를 혼란케 할 수 있는 정치적, 사회적 운동은 교회 자체로서는 삼가야 될 것입니다. 그것은 개인적으로 수행해야 합니다.[34]

한경직은 "교회와 정치는 분리되어야 한다"(엡 4:11-16)는 설교에서 다음과 같이 설교했다.

사회참여에 대하여 우리가 기억할 것은 교회와 정치는 반드시 분리되어야 한다는 점입니다. 교회가 정치에 직접 간여할 수 없고, 국가 또한 교회 내정에 간섭할 수 없습니다. 교회는 좋은 나라를 건설할 수 있는 인물을 양성해야 하고, 그리스도인들은 개인적으로 사회 운동이나 정치 활동에 헌신해야 합니다. 교회는 사실 정치를 초월하는 하나님의 나라임을 기억해야 합니다. 그래야 올바른 사회참여를 할 수 있습니다.[35]

그러나 『영락교회 50년사』에서는 다른 방향으로 기술하고 있다.

영락교회는 정치 사회적으로 어려움과 동요가 있을 때면 국가를 위한 기도회가 수시로 열렸다. … 영락교회는 '10월 유신' 이후 정국이 급격하게 경색되자, 정부의 잘못된 시책을 비판하며 국가와 교회 사이의 올바른 관계 정립을 위한 발언에 나서기 시작했다. 이는 평소 기독교

---

[34] 김병희 편저, 『한경직 목사』, 100-01.
[35] 한경직, 『한경직 목사의 시사설교 모음집』, 260.

인의 사회적 책임을 강조하여 온 영락교회의 목회 방향과도 일치하는 일이었다.[36]

그러나 분명한 사실은 한경직의 설교는 피안의 세계만을 설교한 설교자가 아니라, 오늘을 사는 그리스도인의 윤리적 책임과 사회적 행동에 대해 설교했으며 올바른 그리스도인의 정체성을 구현했던 설교였다. 여러 가지 문제점을 지적한다 할지라도 한경직의 설교는 삶으로, 몸으로, 인격으로 설교한 '모범적인 설교자'요, '설교의 모델'이라고 후세의 역사는 평가할 것이다.

5. 나가는 말

기독교 2천 년 역사에서 수많은 설교자가 등장했고 명망 있는 설교자들도 많이 있다. 그러나 한경직이 다른 설교자들과 독특하게 차별화되는 부분은 말씀, 열정, 인격의 삼 요소의 균형을 이루며 강단에서 설교했고, 설교한 대로 살았으며, 후세에 많은 분이 그렇게 평가한다는 사실이다. 설교자에게 중요한 요소가 많겠지만 로고스, 파토스, 에토스라는 설교의 삼각형은 설교자의 영원한 과제임에는 틀림없다.

---

36 대한예수교장로회 영락교회, 『영락교회 50년사:1945-1995』 (서울: 영락교회, 1998), 341-45.

한경직의 설교를 '설교학의 교과서,' '국제규격의 설교'라고 평하는 이유는 여기에 있다. 한국교회가 어려운 터널을 통과하고 있을 때 제2의 한경직, 제3의 한경직의 설교를 기대하고 기다리며 기도한다.

제10장

조용기 목사의 설교 세계
성령이 이끄시는 설교

조용기 목사(1936-)

1. 들어가는 말

하나님께서는 각 시대마다 그 시대의 상황에 적절하게 훈련된 인물을 주의 도구로 사용하셨다. 한국교회 130년의 역사에서 회중의 숫자와 물량적인 차원에서 성공을 이룬 설교자가 있다면 서슴없이 영산 조용기(趙鏞基, 1936-)를 언급하는 데 주저하지 않는다.

조용기는 한국전쟁 이후에 가장 절망적인 사회 상황에서 희망과 소망을 불어 넣으면서 회중에게 살아갈 용기를 준 위대한 목회자요 설교자임에는 틀림없다. 그러나 찬사와 명예가 있던 만큼, 그의 삶에는 질곡과 비난이 비례했다. 아무튼 조용기의 목회에 절대적으로 중요한 요소였던 조용기의 설교 세계로 여행을 떠나 보자.

2. 조용기의 생애와 사역

조용기는 1936년 2월 14일 경남 언양에서 조두천 씨의 9남매 중의 장남으로 태어났다. 그는 몰락한 지주의 집안에서 태어났기 때문에 부두에 나가 노동도 하고 노점에서 장사를 하기도 했다. 이런 환경에서 태어난 그는 사람들 앞에 서는 것을 두려워하지 않는 강인한 성격의 소유자가 되었다. 조용기가 기독교를 알게 된 배경은 폐결핵으로 고생하고 있을 때 그의 친척 누나가 성경을 읽어 주고 기도해 주면서 복음을 접하게 된 데 있다. 이때에 리처드라는 선교사를 만나면서 성령의 역사를 체험했고 병이 완치되자 의사가 되기로 결심했다. 어느 날 예수님께서는 환상 가운데 나타나서 그의 오른손이 진주처럼 빛나면서 진동을 하고 방언을 체험했다. 이 체험 후 1956년에 순복음신학교에 입학하게 되었다. 조용기는 신학교 재학 시절에는 학생회장으로 활동할 만큼 능동적인 사람이었으며, 유창한 영어 실력으로 부흥회에 나가 영어 통역을 하기도 했다. 그는 목회보다는 미국에 가서 공부를 하고 교수를 할 것을 꿈꾸었으나 급성폐렴으로 이를 포기하고 그 당시 동기생이었던 최자실 전도사와 가깝게 지냈으며, 병이 완쾌된 뒤에는 최자실을 믿음의 어머니로 삼게 되고 후에는 장모와 사위 관계가 되었다. 조용기는 1958년 졸업과 함께 5월 18일에 대조동에서 최자실 전도사와 함께 천막을 치고 빈민촌에서 개척을 했다. 그러나 목회가 그리 성공적이지 못했다. 아편 중독자, 알콜 중독자들을 상대했으며 더욱이 가난에 지친 사람들과 함께 목회를 하면서 자신도 영양실조로 기절을 하는 체험을 했다.[1]

여기서 조용기는 목회 현장에서의 문제는 '질병 문제'와 '물질 문제' 임을 발견하고 새로운 시각으로 성경을 읽게 되어 목회적 대전환을 이루었다. 삼박자 축복과 오중복음을 발견하게 된 것이다. 그 당시 한국교회는 도덕적인 삶을 중심으로 한 주제설교가 주를 이루었는데 그의 설교는 적극적 사고방식과 삼박자 구원으로 설교의 방향을 바꾸면서 청중의 요구에 부응하기 시작했다. 조용기는 군 입대를 했지만 7개월 후에 의병제대를 하고 다시 목회를 하여 교회는 활기를 띠게 되어 대

---

1 박명수 외, 『한국교회 설교가 연구』 1권 (서울: 한국교회사학연구원, 2000), 160-62.

조동에서 서대문으로 자리를 옮겨서 제2의 개척을 했다. 1962년 4월 26일에 목사안수를 받아 5월 13일에 교회명을 순복음부흥회관에서 순복음중앙교회로 변경했다. 1964년에는 성도의 수가 2,000명, 1968년에는 8,000명에 이르렀고 여의도로 교회를 옮겨 1만 명을 수용할 수 있는 교회를 건축했다. 그 후에 놀랍도록 성장을 거듭하여 1977년에는 5만 명, 1985년에는 50만 명을 돌파했다.[2]

이러한 성장에는 긍정적인 면과 부정적 면이 동시에 존재했다. 조용기는 양적으로 세계 최대 교회를 일구면서 한국 기성 교회 교인들을 영적으로 눈을 뜨게 했다. 또한, 성령의 존재에 대한 새로운 인식과 역사하심에 대해 새로운 시각을 여는 계기가 되었다. 그리고 한국교회가 양적으로 새롭게 발돋음할 수 있는 기폭제가 되었다.

그러나 조용기의 축복에 관한 지나친 강조와 치유, 신비적인 사역으로 인해 기성 교회 목회자들 사이에서 견제와 비판이 일어나 급기야는 예장 총회에서는 사이비라는 시비가 끊이지 않았다. 이는 조용기의 빛과 어두움이 한국교회 안에 동시에 존재했음을 의미하는 것이다.

---

2 박명수 외, 『한국교회 설교가 연구』 1권, 163-69.

3. 조용기의 설교 특징들

조용기의 설교는 전통적인 기성 교단의 설교자들과 상당히 다른 차이점을 가지고 있다. 그래서 회중이나 설교자들의 호불호(好不好)가 극명하게 엇갈린다. 무엇이 그를 위대한 설교자로 만들었으며 약한 부분은 무엇인지를 조용기의 설교 특징을 통해 살펴보자.

첫째, 삶의 문제를 해결해 주는 목양설교이다.

설교학에서 설교의 목적(purpose of preaching)이라는 영역에서 설교를 대별하면 선포설교(kerygmatic preaching), 교리설교(didactic preaching), 목양(위로)설교(pastoral preaching), 예언적 설교(prophetic preaching)로 구별할 수 있다. 특히 목양적 설교는 삶의 정황에서 삶의 문제를 가지고 와서, 그 문제를 성경 말씀을 통해서 해결책을 제시하는 방식이다.[3]

조용기의 설교는 주로 목양설교의 형태를 취했다. 성경 본문으로부터 문제를 도출해서 설교하는 방식보다는 서민들의 애환과 고통의 삶의 현실에서 설교가 출발했다. 그의 설교론인 『나는 이렇게 설교하였다』에서 그의 설교 철학을 엿볼 수 있다.

> 저의 설교(목회 초창기)의 대부분은 기독교 윤리나 도덕, 천국과 지옥에 관한 것이었습니다. 또한, 영적인 축복과 은혜에 대해서만 이야기

---

3   J. Daniel Baumann, *An Introduction to Contemporary Preaching* (Grand Rapids, MI: Baker Book House, 1972), 206-14.

했습니다. 그러나 교인들 또한 전도를 받는 사람들은 한결같이 이러한 것들에 대해 냉담하기만 했습니다. 그들은 너무나 가난하고 병들고 생활에 찌들리며 살아가고 있었기 때문에 윤리라든가 도덕이라든가, 하물며 천국과 지옥은 하등 흥미가 없는 문제였습니다. 그들은 그러한 이야기는 배부르고 편한 사람들에게나 어울리는 하나의 장식품이나 사치스러운 것에 불과하다고 생각했습니다.

그들에게 가장 절실하고 필요한 것은 우선 따뜻한 밥 한 공기, 약 한 봉지였습니다. 그것이 바로 그들에게 복음이었습니다. … 복음이란 먼 훗날의 천국이 아니라 현실적으로 배불리 먹고 입을 수 있는 것이었습니다. … 그래서 저는 살아 계신 하나님이 지금 여기서, 즉 삶의 현장 가운데서 먹고 입고 살 수 있는 문제를 해결해 주심을 증거 해야 한다는 결론에 이르게 되었습니다. … 삶과 연관이 없는 메시지는 그저 허공을 울리는 소리에 불과하기 때문입니다.[4]

그 당시 대부분의 기성 교회에서는 영혼 구원과 천국에 대해서만 정통적으로 교리적으로 설교한 것에 비한다면 이는 대단히 파격적인 설교의 강조점이었다. 절대 빈곤 지역에서 목회한 그의 설교 철학은 자연스럽게 희망과 소망을 강조했으며, 심판의 하나님이나 공의로우신 하나님보다는, '좋으신 하나님'을 노래하면서 죽어서 가는 천국이 아니라, '이 땅에서 맛보는 천국'을 설교한 것이다. 그러나 계지영은 그의 논문에서 다음과 같이 말했다.

---

[4] 조용기, 『나는 이렇게 설교한다』 (서울: 서울서적, 1989), 398-401.

조용기는 목회선상에서 많은 기도와 간구를 하여 하나님으로부터 삼박자 축복(구원, 번성, 건강)의 근거인 요한삼서 2절을 통해서 성경을 보는 해석학적인 열쇠를 발견하였다. 그러나 본문은 지속적인 건강과 물질의 축복을 기원한 것이 아니라, 단순한 인사(simply a greeting)이다.[5]

이런 설교 철학을 근거로 작성된 "불황을 극복하는 신앙 자세"라는 설교에서 조용기는 다음과 같이 설교했다.

오늘날 불황을 이기느냐 그렇지 못하느냐는 환경보다도 그 환경에 부딪히는 사람들의 마음가짐에 달려 있습니다. 우리 크리스천들은 불황에 부딪치더라도 자신들이 만군의 여호와 하나님의 자녀라는 것을 결코 잊지 말아야 합니다. …
우리 하나님은 부요와 풍요의 하나님이시므로 불황을 타지 않으십니다. 그러므로 우리는 하나님을 바라볼 때 풍요하고 부요하고 창조적인 하나님의 이미지를 우리의 영혼 속에 도장을 찍듯 찍어 놓지 않으면 안 됩니다. …
그러므로 우리가 불황을 당하고 어려울수록 하나님 앞에 드려야 합니다. 우리가 시간을 드려 하나님을 섬기면 하나님께서 우리에게 풍족한 시간을 주시고, 몸을 드려 하나님을 섬기면 하나님께서 건강을 주시고,

---

[5] Chi Young Kay, "A Study of Contemporary Protestant Preaching in Korean: Its Exegesis, Hermeneutics, and Theology" (Ph.D. diss., School of Theology at Claremont, 1990), 62, 67-68. 이후로는 "A Study of Contemporary Protestant Preaching in Korean"으로 명명한다.

물질을 드려 하나님을 섬기면 하나님께서 물질에 궁핍함이 없도록 기적을 베풀어 주시겠다고 약속을 하신 것입니다.[6]

조용기의 대부분 많은 설교는 성경 본문을 해석하고 적용하는 차원의 단순한 주석적 설교가 아니라, 가정과 사업의 실패, 경제적 불황과 물질적 고통, 정신적 우울과 방황, 영적인 갈등과 같은 삶의 정황으로부터 설교가 탄생되어 나오기에 회중들의 필요를 채워 주는 설교였다. 그래서 회중은 환호했고, 모였고, 부흥을 경험하게 된 것이다.

둘째, 설교를 목회의 중심에 놓은 설교자이다.

조용기 목회의 강조점은 설교였다. 그의 목회가 성장하고 부흥을 경험한 가장 중요한 이유는 설교였다. 조용기는 그의 설교론에서 그가 얼마나 설교에 전적인 투자를 했는지를 잘 보여 주고 있다.

설교는 목회자의 절대적 사명이며 가장 신성한 특권입니다. 하나님의 말씀을 대언하는 것보다 더 힘들고 어려우며 두려운 일은 없습니다. 일찍 목회를 시작했던 초기에 설교 작성이 너무나도 힘들게 생각되었고 또 영감과 재료의 부족으로 벽에 부딪친 느낌을 가진 적이 여러 번 있었습니다. 그리하여 목회의 대원로이신 한경직 목사님의 설교 및 대부흥사였던 이성봉 목사님의 설교를 위시하여 빌리 그래함, 오랄 로버츠 및 오스본 목사 등의 설교를 수없이 빌려서 설교하곤 했었습니다. …

---

6 조용기, 『조용기 목사 설교전집』 1집 (서울: 서울말씀사, 1996), 262-67.

설교자 자신이 감동되지 않고 은혜 받지 않는 설교는 아무에게도 감동과 은혜를 줄 수 없습니다. 저는 매번 설교를 할 때마다 이번이 마지막 설교라는 각오로 단 위에 올라갑니다. …

유행가 가수도 수백 번 부르는 노래지만 매번 혼신의 힘을 다해 부를 때 사람들의 박수를 받는데 하물며 하나님의 진리의 말씀을 증거 하는 설교자들이 어찌 타성에 빠질 수 있겠습니까?[7]

조용기가 얼마나 설교에 전력투구 했는지에 대해 그의 설교집 머리말에서 엿볼 수 있다.

목회자들마다 차이가 있겠지만 저의 경우 가장 어렵고 힘든 사역은 설교였습니다. 38년을 사역해 오는 동안 수많은 어려움을 겪었지만 설교에 대한 어려움에 견줄 수 있는 것은 아무것도 없었습니다. 지금까지도 설교는 저의 사역에 있어서 가장 힘들고 어려운 부분입니다. 한 편의 설교를 마치면 곧장 다음 설교를 위해 말씀을 깊이 묵상하며 필사적으로 기도해야만 했습니다. 설교의 영감이 떠오르지 않아 하얗게 밤을 지새우며 몸부림 쳤던 일도 한두 번이 아니었습니다.[8]

이런 설교자의 좋은 자세와 정신(ethos)은 그를 한국뿐만 아니라 전세계 방방 곳곳을 다니면서 능력 있고 위대한 설교자로 하나님께서 사용하게 되는 결과를 낳았다.

---

7   조용기, 『나는 이렇게 설교한다』, 11, 383.
8   조용기, 『조용기 목사 설교전집』 2집 (서울: 서울말씀사, 1996), 2.

셋째, 성령이 이끄는 설교(Spirit-led preaching)이다.

설교는 인간의 작품이 아니라, 성령님의 역사하심이 있어야 설교가 되어진다. 그래서 가장 이상적인 설교에 대해 그렉 하이슬러(Greg Heisler)는 그의 저작 『성령이 이끄는 설교』(Spirit-led Preaching)에서 다음과 같이 말했다.

> 설교는 성경 본문에 대한 강조와 함께 또한 성령의 역사하심을 동등하게 강조해야 한다. 왜냐하면, 설교에서 성령의 역사하심을 경험하면 설교를 더 풍성하게 하고 능력을 부여 받기 때문이다. 우리는 본문에서 성령을 분리할 수도 없고, 성령으로부터 본문을 분리할 수 없다. 설교를 능력 있게 선포하기 위해서는 말씀과 성령이 모두 필요하다.[9]

설교가 능력 있고 감동하심을 입기 위해서는 성령의 기름 부으심이 없이는 불가능하다. 조용기의 설교는 이런 점에서 아주 탁월하다. 기도로 다져진 설교이기 때문이다. 다음은 성령의 강조에 대한 그의 설교론 대목이다.

> 성령님은 오늘도 우리에게 오셔서 우리가 주의 말씀을 읽을 때에 위로와 용기와 소망을 주시는 말씀을 깨닫게 하십니다. 성령님의 가르치심 없이 아무리 말씀을 전달해도 아무런 유익이 없습니다. …

---

9   Greg Heisler, *Spirit-led Preaching: The Holy Spirit's Role in Sermon Preparation and Delivery* (Nashville, TN: B &H Publishing Group, 2007), Ⅹⅴ - Ⅹⅵ

설교자 여러분, 그날 하루의 성패는 아침에 있습니다. 아침에 일어나서 한 시간씩 주 앞에 엎드려 기다리며 기도하면 그것이 반응을 일으키는 촉매가 됩니다. 여러분 자신이 달라지는 것이 아니라 하나님께서 사용하실 촉매가 될 수 있도록 성령께서 도금을 해 주신다는 것입니다. 이 성령의 도금은 하루 쓰고 나면 자꾸 벗겨지므로 매일매일 새로 도금을 해야 합니다.[10]

조용기는 "성령 강림의 복"이라는 설교에서 성령의 역사와 성령의 충만함을 받아야 함에 대해 다음과 같이 설교했다.

사람들은 옛날에는 기적이 있었지만 오늘날은 기적이 없다고 말하는데 이것은 마귀의 거짓말입니다. 성령이 오셔서 예수님의 것을 나누어 주겠다고 말씀하셨으므로 성령을 통하여 가난한 자에게 복된 소식과 포로 된 자에게 자유와 눈먼 자에게 다시 보게 함과 눌린 자에게 자유를 주십니다. …
우리들이 사는 시대는 성령 시대여서 풍성한 은혜 속에서 새로운 출발을 하게 됩니다. 우리는 성령을 모셔 들이고 의지하며 한 걸음 더 나아가 성령 충만함을 받아야 할 것입니다.[11]

---

10 조용기, 『나는 이렇게 설교한다』, 176, 183.
11 조용기, 『조용기 목사 설교전집 』1집, 145.

조용기 설교의 중요한 특징은 회중에게 성령의 충만함을 강조하는 것뿐만 아니라, 본인이 설교에 기름 부음을 덧입기 위하여 설교를 위하여 많은 기도의 시간을 통과하여 능력 있는 설교, 성령이 이끄는 설교를 했다.

넷째, 효과적인 커뮤니케이션(communication) 설교이다.

설교는 단지 한두 가지의 요소로 결정되는 단순한 행위가 아니다. 좋은 설교나 좋은 설교자가 되기 위해서는 갖추어야 할 여러 가지 요소가 있다. 바로 말씀과 내용뿐만 아니라 효과적인 설교의 전달자가 되어야 한다. 설교는 연설의 형태를 갖추고 있기에 '들리는 설교'가 되기 위해서는 상당한 수준의 설교 연습이 필요하다.

조용기는 이런 부분에서 상당한 훈련을 한 정황이 보인다. 쉬운 대중적인 언어의 구사, 확신에 찬 어투와 단문을 반복하고, 경상도 사투리를 표준어로 수정하려는 몸부림 등이 대표적이다. 조용기는 연설이 무엇인지를 아는 설교자이다. 그는 효과적인 설교의 전달을 잘하는 방법에 대해 다음과 같이 언급했다.

> 표현은 정확하게, 간결하고 쉬운 말로 감각적 표현을 사용하여, 수식어를 다각도로 사용하여 대조를 심화시키고, 열거식으로 여러 측면에서 서술하고, 상황 전개를 현재 진행식으로 표현하고, 대화식 표현을 사용하라.[12]

---

12 조용기, 『나는 이렇게 설교한다』, 300-9.

한 예로 "감각적 표현을 사용하라"에서 다음과 같이 서술했다.

> 감각적 표현은 설교의 전달에 매우 좋은 방법입니다. 예를 들어 "그 사람은 죽어 있었습니다"라는 표현을 "그 사람은 싸늘하게 누워 있었습니다"로 하고, "야곱이 위골이 되었습니다"라는 것보다, "야곱은 위골이 되어 절뚝절뚝 절게 되었습니다"라는 표현을 쓴다면 좋은 효과를 주게 됩니다. 이러한 감각적 표현은 청중이 그 상황으로 돌아가 공감을 느낄 수 있게 하는 것입니다. …
> "예수님을 믿고 구원을 받았으나 아직도 수의로 동여맨 채로 죽음의 냄새를 풍기고 있는 분들은 오늘 이시간에 풀어 놓임을 받아야 합니다"(후각).[13]

이러한 조용기의 '오감각의 호소'(sense appeal) 등과 같은 효과적인 전달력은 그의 설교를 한층 맛나게 전달할 수 있는 원동력이 되었으며, 회중의 결단을 이끌어내는 위대한 설교의 요소가 되었다.

그러나 조용기의 설교에 있어서 아쉬운 부분이 있다.

첫째, 기복적이며 번영신학적 설교이다. '삼중축복과 오중복음'에서 삼중축복은 "사랑하는 자여 네 영혼이 잘됨 같이 네가 범사에 잘 되고 강건하기를 내가 간구하노라"(요삼 2절)는 말씀을 기초로 영혼의 구원,

---

[13] 조용기, 『나는 이렇게 설교한다』, 301-3.

육신의 건강, 삶의 번영을 의미하는 것으로 성경 전체를 '축복'이라는 관점에서 해석했다.[14]

그리고 오중복음은 성결교회의 사중복음—중생, 신유, 성결, 재림—을 약간 수정하여 변형한 것이다. 즉 중생, 성령 충만, 신유, 재림, 축복의 복음으로 이는 조용기 설교의 주춧돌이다.

조용기는 고난을 축복의 통로로서 이해하며 대부분 복의 개념이 물질적이고 현세적인 것으로 가득 차 있다. 2천 년 기독교의 역사를 '순교의 역사'로 볼진대 그가 강조한 번영신학의 뒷면에 있는 다른 영적 세계들에 대한 설명이 설교에서 종종 부족하고 빈곤했다. "참된 번영의 길"이란 설교를 들어 보자.

> 하나님께서는 복의 근원이십니다. 하나님께서는 지금도 여러분의 영혼이 잘 됨같이 범사에 잘 되고 강건하며 생명을 얻되 넘치게 얻기를 원하고 계십니다. 아담과 하와가 생육하고 번성하며 땅을 지배하고 다스리기를 원하셨던 것처럼, 아브라함이 머리가 되고 꼬리가 되지 않고, 위에 있고 아래에 있지 않으며, 꾸어 줄지라도 꾸지 않기를 원하셨듯이 여러분이 생육하고 번성하며 땅을 다스리기를 원하시며 복의 근원이 되기를 원하십니다.[15]

---

14 사실 요삼 2절은 사도 요한이 그의 전도로 인해 개종한 자로 추정되는 가이오에게 보낸 개인 서신으로, 가이오에게 정중히 예의를 갖추어서 인사한 내용이다(polite salutation). 요한은 가이사가 항상 영적으로 번성하고 건강하며 부자가 되어야 한다고 강조한 것은 아니다. 이 구절을 가지고 성경 전체를 해석의 키워드로 보는 것은 정통적인 시각에서는 무리가 따른다. Chi Young Kay, "A Study of Contemporary Protestant Preaching in Korean," 68을 보라.

15 조용기, 『조용기 목사 설교전집』 2집, 56.

또한, 조용기는 다음과 같이 주장한다.

> 예수 그리스도의 보혈로 구원받았다면 우리의 영혼과 육체와 모든 삶 (자녀 양육, 직장, 사업, 인간관계, 먹을 것, 입을 것, 쉴 곳 등)이 잘 되어집니다. 필연적으로 모든 삶이 번성하게 됩니다. 그러므로 다른 이유 없이 가난하게 산다면 이는 신성모독입니다.[16]

이러한 주장은 그의 번영신학적이며 기복적인 설교의 내용을 그대로 보여 주는 것이다.

둘째, 설교의 신학이 너무 제한적이다. 삼위일체 중에서 유독 성령론에 관하여만 부각이 되고, 기적과 치유, 축복과 긍정적인 사고 등이 주로 강조되고 있다. 그리고 성경 본문을 주석(exegesis)하기보다는 '자기류의 성서해석'(cisegesis)으로 인해 설교해석의 오용이 생기고, 전형적인 연역적인 설교의 형태를 취함으로 설교가 선명성을 가지나, 다양한 설교의 형태론 부족으로 천편일률적인 설교가 되고 있다.

그럼에도 불구하고 조용기의 설교는 한국전쟁 후 어렵고 힘든 삶을 살고 있었던 서민들에게는 소망과 희망의 통로였다. 이 희망의 설교는 그 당시의 등불이었으며 고난의 삶을 살고 있는 자들에게 밝은 이정표였다.

---

[16] 조용기, 『삼박자 구원』 (서울: 서울서적, 1989), 146, 240.

4. 나가는 말

한국 기독교 역사 130년에 명망 있고 위대한 목회자요 설교자 중의 한 사람은 단연 조용기이다. 그의 목회 성장과 축복에는 신유의 역사, 정교한 구역 조직, 축복의 복음, 목양설교 등이 있다.

그러나 조용기가 다른 설교자를 능가하는 부분은 '성령의 기름 부으심을 받는 설교,' '성령이 이끄시는 설교'이다. 설교가 성령의 작품임을 인정한다면 조용기의 설교를 통하여 많은 것을 배울 수 있다. 성령의 사람이 성령의 설교를 할 수 있다. 학문과 지성이 가득 찬 설교의 세상에서 "결국 설교는 성령님께 달려 있습니다"라는 멋진 고백이 필요하다.

제11장

옥한흠 목사의 설교 세계
개인구원과 사회구원의 균형이 있는 설교

옥한흠 목사(1938-2010)

1. 들어가는 말

이 세상에서 살면서 많은 사람은 균형을 이루기보다는 극단을 선택하는 것을 더 쉽게 생각한다. 그러나 '균형'은 실력 있는 사람만이 할 수 있는 비결이다. 제자훈련의 정신과 설교에 대한 열정이라는 균형, 개인구원의 설교와 사회구원 설교의 균형을 가진 설교자가 있다. 바로 은보(恩步) 옥한흠(玉漢欽, 1938-2010)이다. '평신도를 깨운다' 혹은 '목사들의 목사'라 불리는 옥한흠의 설교 세계를 여행해 보자.

2. 옥한흠의 생애와 사역

옥한흠은 1938년 12월 5일 경남 거제에서 아버지 옥약실과 어머니 이희순의 3남 1녀 중 장남으로 태어났다. 1951년 거제에서 일운초등학교를 졸업하고, 1955년 거제 지세포 대광중학교를 졸업했고, 1958년 거제 장승포 거제고등학교를 졸업했다. 1962년 군복무 중 성균관대학교 문리대학 영문학과(야간)에 입학했으나 1963년 여름 폐결핵이 발병했다. 그러나 1968년 2월에 동 대학교를 졸업했다.[1]

1968년 3월에 총신대학교 신학대학원을 입학하여 1970년에 졸업했다. 1972년 대한예수교장로회(합동) 동서울 노회에서 목사안수를 받았

---

[1] "고 옥한흠 목사님을 추모하여," [2018년 5월 27일 접속] ⟨http://johnoak.sarang.org/frameindexHidden.asp⟩

고, 국비장학생으로 1975년에 가족을 남겨 두고 홀로 미국 칼빈신학교로 유학을 떠났다. 1977년 5월에 신학석사 학위를 취득했다. 귀국 후 1978년 7월에 강남 은평교회를 개척했다. 후에 사랑의교회로 개칭했다(1981.9.). 1984년 6월에 『평신도를 깨운다』를 발간했으며, 1986년에 사랑의교회 위임목사로 취임했다. 1989년에는 탈진하여 1년간 안식년을 갖고, 1996년 5월에 미국 웨스트민스터신학교 목회학박사 학위를 취득했다. 열정적으로 사역을 하던 중 2004년 1월에 65세에 조기은퇴를 했고, 2010년 9월 2일에 항암 치료 중에 급성폐렴(폐암)으로 하늘나라로 부름을 받았다.[2]

옥한흠은 복음주의 진영의 장형(長兄)으로서 선교단체의 전유물로 여겨지던 제자훈련을 개혁주의 교회론의 큰 틀에서 창의적으로 재해석하여 교회에 적용하고 성공적으로 정착시키고, 폭발적으로 활성화시킨 제자훈련사 30년의 산증인이다. 그의 광인(狂人) 같은 사역으로 평신도를 머슴 비슷하게 보던 교회 풍토에 평신도 해방, 평신도 구비, 평신도 사역자화가 비로소 공적으로 논의되는 전기를 마련했다.[3]

옥한흠의 목회에서 가장 뚜렷하게 발견되는 부분은 '한 사람 비전'(one man vision)이다. 그의 저서 『이것이 목회의 본질이다』에서 그는 한 사람의 중요성을 다음과 같이 언급했다.

> 대부분의 목회자들이 목회의 본질을 망각한 채 전통적인 목회 방식의 노예로 지내거나 성장과 부흥이라는 신기루를 쫓아 갖가지 세미나를

2　"고 옥한흠 목사님을 추모하여," 〈http://johnoak.sarang.org/frameindexHidden.asp〉.
3　옥한흠, 『시험이 없는 신앙생활은 없다』 (서울: 국제제자훈련원, 2014), 1.

기웃거리고 있다. 그 결과 한국교회는 병들어 가고, 성도들은 건강을 잃어 가고 있다. …
목회의 본질을 붙들고 한 사람의 변화에 집중할 때, 주님께서는 넘치는 은혜로 부어 주실 것이다. … 하나님께서는 언제나 한 사람에 주목하고 그를 준비시킨 후 그를 통해 주님의 일을 이루신다. 이것이 지금까지 하나님이 일해 오신 걸음이요, 발자국이다. 하나님께서 한 사람에 주목하신 것처럼 우리도 한 사람에 주목하고 헌신해야 한다.[4]

옥한흠이 그의 제자훈련 목회에서 강조한 부분은 한 사람에게 투자하여 수많은 영혼을 바라보는 비전이다. 이 비전을 끊임없이 주장해 온 이유는 목회자가 한 영혼에 관심을 소홀히 할 경우 단순히 교회 경영인이나 조직을 운영하는 CEO로 전락할 위험성이 있음을 누구보다도 잘 알고 있었기 때문이다. 옥한흠은 목회의 본질이 무엇인가를 정확하게 파악한 귀한 목회자요 설교자임에는 틀림없다.

3. 옥한흠의 설교 특징들

설교는 목회와 분리될 수 없다. 목회를 잘 감당한 분이 또한 좋은 설교자이다. 이런 차원에서 본다면 옥한흠의 목회는 아름답게 제자훈련이라는 꽃을 피움과 동시에 제자훈련을 더욱 성숙시키고 승화시키는

---

[4] 옥한흠, 『이것이 목회의 본질이다』 (서울: 국제제자훈련원, 2004), 5-7.

역할로서의 설교뿐만 아니라, 설교가 어떠해야 하는지에 대해 좋은 모델을 보여 준 설교이다. 그의 설교 특징들을 살펴보자.

첫째, 산고를 치루는 성육신적 설교이다.

옥한흠의 설교는 설교할 때마다 쉽게 준비하고 쉽게 전달하는 그러한 설교가 아니다. 그냥 '해버리는 설교'나 '해치우는 쉬운 설교'가 절대 아니다. 일사각오의 정신을 가지고 산모가 옥동자를 탄생시키기 위해서 산고를 치루는 설교자의 자세를 가지고 있다.

옥한흠은 달변도 아니며 선천적으로 설교를 위해서 천부적인 재능을 가지고 태어난 설교자도 아닌 것 같다. 오로지 성령께 의지하면서 깊은 묵상과 고통 속에서 몸부림의 긴 터널을 통과하면서 헤쳐 나오는 노력형 설교자이다. 몇 번에 걸친 주일 오전 예배 설교도 매번 달라지는 모습이나, 수십 년 동안 설교의 반복이 안 되는 모습은 그가 신실한 설교자의 자세를 가지고 있다는 것을 가늠해 볼 수 있다. 류응렬은 옥한흠의 설교에 대한 열정을 다음과 같이 묘사했다.

> 한국의 최고의 설교자 중의 한 명이라는 칭호에도 불구하고 옥 목사는 정작 자기 자신에게서 설교자로서의 특별한 자질을 발견하지 못했다고 고백한다.
> "지금까지 설교자로서 강단에 설 때마다 나는 타고난 설교자가 못 된다라는 생각을 많이 했다. 달변도 아니고 어려서부터 설교자가 되기 위해 문학이나 문장 수업을 철저하게 받은 적도 없다."

옥 목사의 가장 고귀한 점인 겸손이 배어나오는 부분이다. 그럼에도 그는 자신의 부족함을 고백만 하고 앉아 있는 설교자가 아니다. 한 편의 설교를 위해 산고를 치르는 설교자다. 그는 자신이 할 수 있는 일이 오직 노력하는 것뿐이라고 밝힌다.

"설교자의 한 사람으로서 자신을 너무 잘 알고 있기 때문에 내가 살기 위해 매달릴 수 있는 길은 노력하는 것뿐이었다."[5]

옥한흠은 설교가 무엇인지를 아는 설교자이다. 하나님의 말씀을 온전히 선포하기 위하여 산실로 들어가서 산고를 치르는 임산부와 같이, 말씀의 영감이 올 때까지 진통하며 몸부림치는 보기 드문 성육신적 설교자의 좋은 모델이다.

둘째, 다리 놓기식 균형잡힌 설교이다.

"설교란 다리 놓기이다. 참된 설교란 성경의 세계와 현실 세계 사이에서 다리는 놓은 작업이다. 그리고 옥한흠은 두 세계 사이에 동등하게 접지되어야 한다"[6]고 언급한 존 스토트의 설교관을 그대로 적용한 설교자이다. 그의 설교는 철저히 본문 중심적 설교이며, 또한 청중을 아는 설교자이다. 그는 본문 이해와 청중의 삶에 적절하게 잘 적용할 줄 아는 다리 놓기식 균형 감각이 있는 설교자이다. 옥한흠의 강해설교에서 본문을 대하는 모습의 변천에 관하여 류응렬은 다음과 같이 서술했다.

---

5 류응렬, "옥한흠 목사의 설교세계," 『한국교회 설교분석』, 목회와 신학 편집부 (서울: 두란노아카데미, 2009), 232.
6 John R. W. Stott, *Between Two Worlds: The Challenge of Preaching Today*, 10.

옥 목사의 설교는 철저한 본문 주해에 뿌리를 내리고 있다. 설교 사역 초기에는 주로 주제식 강해설교로 요약 노트를 가지고 설교했고, 후기에는 본문에 집중하는 강해설교로 원고를 꼼꼼히 작성하는 설교 형식을 취하는 차이를 보인다. 하지만 어느 설교라도 어김없이 본문을 충실하게 다루고 있다.[7]

그뿐만이 아니다. 옥한흠은 본인이 병마와 싸우면서 겪는 고통을 통해서, 또한 제자훈련반에서 회중으로부터 이런저런 이야기를 들으면서 회중의 아픔과 고통을 잘 이해한 설교자였으며 그의 설교 대부분은 본문과 회중, 성경과 상황의 균형을 깨트리지 않았다.

셋째, 예언자적 설교를 포함한 통전적 설교(holistic preaching)이다.

보수적인 계열에 속한 설교자들의 보편적인 설교의 특징은 설교가 개인적인 차원, 위로의 차원으로 끝나는 경우들이 많다. 그런데 옥한흠의 경우는 다르다.

개인적인 차원과 사회적인 차원의 균형감이 있어서 그리스도인의 사회적인 책임에 남다른 관심이 있다. 옥한흠은 설교하기에 거북스러운 본문일지라도 외면하지 않고 예언자적 설교를 행하는 설교의 균형 감각을 지니고 있다. 그는 너무 과하다 싶을 정도로 비판적인 안목을 가지고 예리한 말씀의 칼을 성도의 삶에 들이대며 지적한다.

옥한흠의 설교에서는 '만유의 주'나 '온 세상의 주'를 단지 '나만의 주'로 축소시키지 않으려는 거룩한 발버둥이 있으며, 성도와 설교자의 '올

---

7   류응렬, "옥한흠 목사의 설교세계," 『한국교회 설교분석』, 227.

바른 삶'과 '사회적 책임성'의 문제를 예리하게 지적하고 있다. 설교의 공공성을 외면하지 않는 아주 보기 드문 균형 감각을 가진 열린 보수주의 설교자이며 설교들이다. 이상훈은 옥한흠의 통전적 설교에 대해 다음과 같이 언급했다.

> 그리스도를 통한 개인 인격의 변화가 개인 삶의 차원에 그치는 것이 아니라는 옥 목사의 설교는 부패한 경제계, 정치계, 더 나아가 사회의 구석구석에 '빛과 소금'으로 존재해야 하는 그리스도인의 사명에 대한 촉구로 이어진다. 이 사명이 닿아야 하는 범주는 지구의 생태의 회복을 포함하는 피조계 전체이다.[8]

옥한흠의 예언자적인 설교를 포함한 통전적 설교의 예를 살펴보자. "소돔과 의인 열 사람"이라는 설교에서 그는 다음과 같이 설교했다.

> 롯처럼 처신하면 안 됩니다. 베드로후서 2장 7절을 보면, "무법한 자의 음란한 행실을 인하여 고통하는 의로운 롯"이라고 말합니다. 소돔과 고모라 사람들의 성적인 타락상을 보고 롯은 많이 고통했습니다. 그는 그들의 문화에 동화되지 않고 자신을 지켜 갔습니다. 그래서 의로운 롯이라고 말합니다.
> 어떻게 보면 굉장한 사람처럼 보이지만, 한편 너무나 소극적인 사람입니다. 자기 구원만 아는 사람이요, 자기 경건만 지키는 사람입니다. 그

---

8 이상훈, "옥한흠 목사의 설교세계," 『한국교회 16인의 설교를 말한다』, 유경재 외 (서울: 대한기독교서회, 2005), 94.

결과 수십 년 동안 소돔성에 살면서도 자신과 같이 의로운 사람을 한 사람도 못 만들었습니다. 이런 사람은 수백만 명, 수천만 명 있어도 이 사회를 치유하고 구원하지 못합니다.

기독교는 외로운 섬이 아닙니다. 예수 믿는 사람은 홀로 있는 섬이 아닙니다. 우리는 세상 속에 있습니다. 따라서 우리는 이 세상의 악에 대해 행동해야 합니다. 기독교는 행동의 종교이기에 적극성을 띠어야 합니다.⁹

옥한흠의 설교는 개인구원의 차원을 중요하게 생각하면서 또한 그리스도인이 빛과 소금의 역할을 사회 속에서 잘 감당하도록 설교하는 설교의 공공성 영역을 잘 펼친 통전적 설교자이다.

넷째, 들리는 설교이다.

제자훈련을 성공(?)시키기 위해서는 소위 '고단백 설교'가 중요한 요소인데, 옥한흠은 이것을 잘 감당했다. 그의 전 생애의 사역과 설교가 이를 잘 증명하고 있다. 그의 설교는 종종 딱딱한 빵과 같이 고도로 정신을 집중하지 않으면 설교를 놓칠 위험성이 분명히 있다.

그러나 옥한흠의 설교가 살아 있고 회중에게 들려지는 중요한 이유 중의 하나는 회중의 삶을 어루만지는 적용력과 본문을 더 잘 이해할 수 있도록 연결해 주는 뛰어난 예화 사용이다. 옥한흠의 "고통에는 뜻이 있다"라는 설교에서 믿음이 안전그물이라는 것을 설명하기 위한 예화를 보자.

---

9   옥한흠, 『전쟁을 모르는 세대를 위하여』(서울: 국제제자훈련원, 2003), 50.

샌프란시스코에 가면 금문교라는 다리가 있습니다. 1930년대에 건축된 것인데 세계에서 가장 높고 긴 교각으로 두 기둥에다 매달아 놓은 것입니다. 교각을 양쪽 기둥에다 매달아서 가운데는 기둥 없이 떠 있는 다리입니다. 지금도 그 위에 올라가서 밑에 있는 바다를 내려다보면 현기증이 날 정도입니다. 그 다리를 공사할 때 너무나 높고 위험하므로 기술자들의 마음이 불안해졌습니다. 일을 하다가 밑을 보게 되면 현기증이 일어나 불안과 공포심이 생겼습니다. 결국 다섯 명이나 추락해서 바다 속으로 들어가 버렸습니다.

그 공사를 담당하던 시당국에서는 기술자들의 생명을 구하기 위해서 여러 가지 방법들을 생각했습니다. 좋은 방법의 하나로 공사하는 밑에다가 철사로 만든 그물을 까는 것이었습니다. 그렇게 그물을 깔고 나니까 그 후에는 그물에 떨어지는 사람이 없었습니다. 왜냐하면, 그물이 깔려 있으므로 일하는 사람들이 마음을 놓고 일했기 때문입니다. 내가 떨어져도 바다에는 떨어지지 않는다는 자신이 생긴 것입니다. 부들부들 떨리던 다리가 떨리지 않게 되고, 불안하던 마음이 가라앉고, 공포감이 사라졌습니다. 그 후로부터 일도 잘 할 수 있었고 다치는 일도 없었다고 합니다.

이 그물이 무엇인지 아십니까?

이 안전그물이 바로 믿음입니다. … 믿음이 없는 사람은 마음의 고통과 불안을 쫓아내지 못합니다. 그러나 하나님을 안전그물로 알고 그를 믿는 사람은 마음의 고통과 불안이 사라집니다.[10]

---

10 옥한흠, 『고통에는 뜻이 있다』 (서울: 두란노서원, 1988), 164-65.

옥한흠의 보석과 같은 예화는 설교를 들리는 설교로 만든 비법의 무기임에는 틀림없다.

그러나 옥한흠 설교의 아쉬운 점들이 있다.

첫째, 전체적으로 설교의 분위기가 딱딱하고, 무겁고, 직선적인 경우들이 많이 도사리고 있다.
둘째, 설교에 있어서 감성적인 부분보다는 지성적인 면이 더 많이 강조되어서, 포스트모던 사회에서 강조되는 '감성'이 늘 약화된 느낌을 받는다.
셋째, 설교가 귀납적이지 않고, 연역적으로 전개될 때가 많다.
넷째, 강력한 말씀에 비해 설교전달이 약화된 느낌이다. 특히 목소리에 탁음이 많이 발견된다.

그럼에도 불구하고 많은 설교자는 옥한흠을 존경하는 인물로 꼽고 있다. 그만큼 설교자로서, 목회자로서 많은 설교자에게 사표(師表)가 된다는 증거일 것이다.

4. 나가는 말

　현대 사회는 심한 상처와 아픔이 있기에 현대인들을 보듬고 위로하는 목양설교가 주를 이루고 있다. 특별히 보수적인 진영에서는 더더욱 그러하다. 그러나 보수주의의 대부로 여겨지는 옥한흠의 설교는 예상을 깨고 개인구원과 사회구원, 본문과 상황, 목양설교와 예언자적 설교의 통전적인 균형을 이루고 있다. 이는 바로 바람직한 설교자의 모델이다.

　교회를 향한 사회의 시선이 곱지 않을 때 교회가 올바로 서고, 설교자가 균형을 잡아서 온전한 복음을 증거할 때 한국교회 강단은 더욱 건강할 수 있다. 위기를 맞이하고 있는 한국 강단에 제2의 옥한흠이 기다려진다.

제12장

하용조 목사의 설교 세계
생명을 건, 성육화 된 설교

하용조 목사(1946-2011)

1. 들어가는 말

하나님께서는 사람이 강할 때보다 병약해 있을 때 더욱 강력하게 사용하심은 성경뿐만 아니라 교회 역사에서도 증거 하고 있다. 사도 바울, 루터, 칼빈 등이 좋은 예이다. 수없는 질환으로 고통을 당하면서 오직 복음으로 영혼을 살리고 설교했던 한 설교자가 있다. 바로 하용조(河用祚, 1946-2011)이다. 약할 때 강함 주시는 하나님을 경험하면서 병중에서 영적인 불을 뿜어 낸 하용조의 설교 세계를 여행해 보자.

2. 하용조의 생애와 사역

하용조는 1946년 9월 20일 평안남도 강서군 수산면 신정리 561번지에서 부친 하대희 장로와 모친 김선일 권사의 3남 3녀 중 셋째 아들로 태어났다. 신앙이 깊은 부모님 슬하에서 어린 시절을 보내던 중 6.25 전쟁이 일어나게 되었고 그의 가족은 신앙의 자유를 찾아 1951년 1.4 후퇴 때 아버지와 어머니, 형님과 누나, 여섯 살의 하용조는 평북 진남포에서 인천을 거쳐 다시 전남 목포까지 피난을 했다. 하용조의 가족이 피난을 온 목포는 그들에게는 생소한 곳이었다. 그때 그들을 도와준 사람들이 바로 미국 남장로교 출신의 선교사였다. 미국 선교사들의 도움으로 그들은 선교사들이 살고 있는 뒷마당에 마련된 천막에서 피난생활을 시작했다.[1]

---

[1] 하용조, 『사도행전 교회를 꿈꾼다』 (서울: 두란노, 2007), 30.

하용조는 어려서부터 신앙인의 가정에서 성장했다. 그러나 기독교 가정에서 성장하는 아이들의 갈등을 겪으면서 그는 대학생선교회에서 예수를 영접하면서 전도하는 기쁨을 온몸으로 경험했다. 그러나 대학 3학년 때 폐결핵으로 병원에 입원하면서 육체적인 약함을 경험했다. 그러나 오히려 전도에 매진하는 삶을 살았다.[2]

하용조는 1964년 3월에 건국대학교 축산가공학과에 입학하여 1972년 2월에 졸업했다. 그리고 1972년 3월에 장로회신학대학교 신학대학원에 입학하여, 1975년 2월에 졸업하여 서울 마포교회 전도사(1972.3.-1974.6.)를 거쳐, 1976년 5월에 목포노회에서 목사안수를 받았다. 1976년 6월에 연예인교회(1976.6.-1980.8.)에서 사역한 후, 영국 London Bible College(1981.7.-1982.6. 수료)에서 학업을 하고, WEC 및 London Institute(1983.3.-1984.2.)를 수료했다. 1984년 2월까지 영국에서 학업을 연마한 후 1984년 10월에 온누리교회를 개척하고 왕성하게 사역했다.[3]

하용조에게 그림자처럼 따라 다니는 수식어가 '움직이는 종합병원'인 만큼 여러 가지 병을 안고 살았다. 폐병, 당뇨, 간염, 간경화, 간암을 앓았고 다섯 번 암이 재발하여 수술을 받았다. 신부전증으로 하루 네 시간 걸리는 투석을 일주일에 세 번씩 받았다. 결국 생명을 건 목회로 인해 2011년 8월 2일 65세 일기로 뇌출혈 때문에 하늘나라에 부름을 받았다.[4]

---

2   정인교, "하용조 목사의 설교세계,"『한국교회 설교분석』, 252.
3   한국교회사학연구원,『하용조 목사의 설교와 신학』(서울: 두란노서원, 2006), 5.
4   정인교, "하용조 목사의 설교세계,"『한국교회 설교분석』, 252.

하용조는 끊임없는 변화를 추구하면서 사도행전 29장을 쓰는 교회를 목표로 사도행전적 교회를 롤 모델로 삼고 목회를 했다. 특별히 그는 문화를 아는 목회자이면서 설교자였다. 「생명의 삶」, 「빛과 소금」, 「목회와 신학」, CGNTV 선교전문 위성방송, 두란노서원 창립, 예배 전체를 음악적 분위기로 움직이며, 멀티미디어를 적극 활용한 점 등이 그를 문화 목회자로 만들었다. 그는 『설교와 신학』에서 문화의 중요성을 다음과 같이 언급했다.

> 제가 설교를 통해서 끊임없이 추구하는 주제는 바로 문화란 코드입니다. 마치 공기와도 같은 문화를 피해갈 수 있는 사람은 아무도 없습니다. 어떻게 복음이 이 시대 문화에 잘 접촉이 되어서 많은 사람의 마음 속에 자연스럽게 스며들어 갈 수 있게 할 것인가가 제가 깊이 묵상하는 주제입니다. 이런 의미에서 목사는 '문화 건축가'(culture architect)라는 말에 동의합니다.[5]

하용조가 이룩한 교회의 문화는 다른 목회자가 따라올 수 없는 탁월함의 경지임에는 틀림없다.

---

5   한국교회사학연구원, 『하용조 목사의 설교와 신학』, 196.

3. 하용조의 설교 특징들

첫째, 성육화(聖育化) 된 설교자이다.

하용조는 설교에 생명을 건 설교자였다. 그는 설교를 이성적으로 말하지 않고 신앙고백적인 삶으로 표현했다. 쓰러질 듯 말 듯 하는 병약한 몸을 겨우 이끌고 강단에 올라가서 말씀을 선포할 때마다 하나님 말씀이 자신의 몸에 성육화 된 것처럼 설교했다. 그는 하나님 말씀에 사로잡혀서 설교가 자신이 되고, 자신이 설교가 된 모습으로 설교했다. 심각한 병 때문에 설교하지 못한 적이 한 번도 없다는 것은 그가 설교에 생명과 목숨을 내놓고 설교했다는 것을 방증하는 좋은 예다. 그는 『사도행전적 교회를 꿈꾼다』에서 다음과 같이 말했다.

> 병과 설교는 언제나 동행한다. 나는 설교만하면 살아난다. 강대상에만 올라가면 살아난다. 그런데 설교를 안 하면 기가 팍 죽는다. 기운을 못 차린다. 그래서 나는 살기 위하여 설교한다. 나는 죽을 때까지 설교할 것이다.[6]

바로 예수 그리스도가 이 고난의 땅에 성육신화 되신 것같이 성육신화 된 설교자라고 언급하고 싶다.

하용조는 설교를 목회에서 가장 중요하고 핵심적인 사역으로 간주했다. 그는 설교의 중요성에 대하여 "교회에서 말씀 사역보다 더 중요

---

[6] 하용조, 『사도행전적 교회를 꿈꾼다』, 53.

한 사역은 없다. 설교는 예배의 심장이다. 설교는 교회를 만들고 가르침은 성도를 만든다"고 강조했다.[7]

하용조에게 있어서 설교는 정치를 비롯한 세상의 이야기를 전달하는 것이 아니라, 하나님의 말씀 자체를 전달하는 것이며, 설교자는 단순히 말씀을 전달하는 통로라고 생각했다. 그리고 그는 설교란 성령의 도우심을 구하면서 말씀을 오늘의 상황에 맞게 관찰하고 해석하고 적용하여 청중에게 하나님의 자녀임을 확인시키고, 그 권세로 세상에서 살도록 하는 것이라고 생각했다.

둘째, 상관관계식 연속 강해설교이다.

하용조의 설교는 상관관계 설교 형태를 띠고 있다. 존 스토트는 『두 세계 사이에서』(Between Two Worlds)에서 설교에 대해 다음과 같이 정의했다.

> 설교에서 가장 중요한 비밀은 설교가 단순히 기술적인것이 아니라 신학적이고 인격적이라는 것이다. … 설교란 다리 놓기이다. 참된 설교란 성경의 세계와 현실 세계 사이에서 다리는 놓은 작업이다. 그리고 두 세계 사이에 동등하게 접지되어야 한다.[8]

참된 성경적 설교란 성경의 세계를 잘 석의와 해석을 하고, 현실 세계에 대한 적절한 적용이 있어야 된다. 이러한 설교를 잘 표현하는 설교 형태가 바로 상관설교이다.

---

7 하용조, 『사도행전적 교회를 꿈꾼다』, 215.
8 John R. W. Stott, *Between Two Worlds: The Challenge of Preaching Today*, 10.

하용조는 아주 단순한 상관관계 형태를 가지고 연속적인 강해설교를 주로 했다. 성경 본문의 내용(then)과 적절한 적용(now)을 균형감 있게 구성해서 설교했다. 그는 새벽마다 큐티(quiet time)한 내용을 다듬어서 강단에서 창세기를 비롯하여 성경을 연속적으로 강해설교를 했다. 그러므로 본문의 절을 계속적으로 따라서 해석하고 적용하는 방식을 취했다.

변하지 않는 말씀(unchanging Word)을 변하는 세상(changing world) 속에다 적절하고 노련하게 적용하는 설교를 했다. 그래서 그의 설교에는 철학자나 신학자들의 이야기나 인용은 거의 없다. 단지 성경에서 성경으로 이동하면서 성경으로 성경을 해석했다. 또한, 윤리적인 설교가 아니라 복음적인 설교를 한다. 그래서 시어머니의 잔소리와 같은 설교가 아니라, 하나님 말씀을 하나님 말씀되게 하며, 하나님 말씀에만 집중케 하는 설교이다.

하용조가 집중한, 큐티를 기초로 한 상관관계식 강해설교는 신학교 설교학자들이 소개한 것이 아니다. 1980년대에 삼대지 주제설교에 식상한 목회자들에게 신선한 바람을 불어 일으키기 위하여 싱가포르 선교사인 데니스 레인(Denis J. V. Lane)을 초청하여 강해설교 세미나를 두란노서원에서 개최하여 한국 강해설교의 역사가 대중적으로 시작되었다. 이는 전통적인 주제설교에서 벗어나서 본문 중심의 설교로 회귀하게 하는 좋은 전환점이 되었다.[9]

---

9   Unyong Kim, "Faith Comes From Hearing," 36.

그러나 하용조의 상관관계식 강해설교는 정통식 강해설교와는 다른 점이 많다. 그럼에도 불구하고 하용조는 위대한 강해설교자들인 찰스 스펄전, 캠벨 몰간, 마틴 로이드 존스, 존 스토트로부터 많은 영향을 받았다.

셋째, 모성적 목양설교이다.

하용조의 설교는 회중의 죄나 잘못된 점과 문제를 책망하거나 비난하지 않는다. 도리어 용서와 위로와 은혜로 연결시켜 회중이 용기를 갖고 이 세상에서 살 수 있도록 설교했다. 『창세기 강해집』에서 "다시는 야곱이라 부르지 말라"는 제목의 설교는 그의 모성적 강해설교의 진수를 보여 주고 있다.

> 하나님께서는 우리에게 복을 주기로 작정하셨습니다. 우리가 복 받을 만한 그릇이 아니라면 우리를 고치셔서라도 복을 주십니다. 이것이 언약입니다. 하나님은 우리를 버리지 않으십니다. 우리가 변덕 많고 어리석고 늙고 병들었다고 해도 결코 포기하지 않으십니다. 하나님께서는 우리에게 하신 신실한 약속을 지키십니다. 결국 야곱은 하나님께 무릎을 꿇습니다. 그래서 그는 이스라엘이 되고 하나님의 복은 계속됩니다. 그분은 좋으신 하나님입니다. 넘어지면 일으켜 세워 주시고, 상처 나면 싸매 주시고, 복을 주시는 하나님을 찬양합니다.[10]

---

10 하용조, 『창세기 강해집: 다시는 야곱이라 부르지 말라』 4권 (서울: 두란노, 2001), 375.

하용조의 설교를 들으면 회중은 삶에서 실패와 절망을 경험했을지라도 힘과 용기가 난다. 그 중요한 원인은 그가 회중에게 모성적인 따뜻함을 가지고 목양설교, 위로설교를 했기 때문이다.

넷째, 자연스런 커뮤니케이션 능력이 있는 설교이다.

하용조 설교의 가장 큰 장점은 중학생 정도 되면 이해할 수 있는 단어를 선택하고, 편안함과 강요하지 않는 부드러운 억양, 유머, 여유를 머금은 자애로운 표정, 강하게 강조할 때에 오히려 작은 목소리로 "우리가 서로 사랑해야 합니다"라는 식의 탁월한 전달력을 지니고 있다. 정인교는 하용조의 설교전달 능력에 대해 다음과 같이 언급했다.

> 그의 설교를 접하면 우선 편안한 느낌을 받는다. 전혀 강요하지 않는 부드러운 억양과 웃음과 여유를 머금은 자애로운 표정, 크게 소리 내지 않으면서 그리고 닦달하지 않으면서 조곤조곤 알기 쉽게 설득해 가는 설교가 그의 최대 장점이다. 따라서 별것 아닌 것 같은 내용도 하 목사를 통해 나오면 뭔가 특별한 것처럼 느껴진다. … 그의 설교는 화려함 대신 소박함과 그의 인간적 진솔함이 이를 뒷받침해 주는 설교라 할 수 있다.[11]

쉬운 설교가 회중에게 영향력을 끼칠 수 있다는 점은 바로 하용조의 설교를 말하는 것 같다. 설교의 내용이 중요한 것같이 효과적인 설교전달을 통해서 설교가 완성되기 때문이다. 그밖에 하용조 설교의 큰

---

11 정인교, "하용조 목사의 설교세계," 『한국교회 설교분석』, 258.

장점은 영적인 확신과 자신감이 강하다. 그리고 성령 운동을 세련되게 시도하여 '지성적 성령 운동'이라 불리면서 말씀과 설교 중심적인 성령 운동을 시도했다. 그리고 설교의 서론이 너무 길지 않은 것도 설교를 설교되게 만드는 중요한 요소이다.

그러나 하용조 설교의 아쉬운 점들이 있다.

첫째, 설교의 구조적인 면을 무시하고, 본문의 병행구에 대한 언급이 없고, 전달을 너무 자연스럽게 하다 보니 과다한 제스처로 인하여 도리어 부자연스러운 부분이 많이 보인다.
둘째, 설교를 단순히 성도의 개인적인 신앙의 차원으로 축소함으로 전인적인 복음(holistic gospel)과 통전적인 복음의 메세지가 부족해 보인다. 그는 자기의 설교에 대해 겸손하게 평가하면서 다음과 같이 솔직하게 말했다.

> 제 설교에는 예언자적 설교가 약하지 않았나 생각합니다. 우리가 살고 있는 사회를 보면서 역사를 보면서, 어려운 사람들을 보면서 그들을 신음하게 하는 부정과 불의를 향한 하나님의 메시지를 적극적으로 전하지 못한 것 같습니다.[12]

---

12 한국교회사학연구원, 『하용조 목사의 설교와 신학』, 193.

즉 '개인구원'만을 강조했다고 시인했음은 복음이 너무 한쪽으로 기울어져 있음을 보여 주는 반증이다.

셋째, 설교의 서론에서 "공부하겠습니다"를 종종 표현하는 것같이 지나친 설명 위주로 설교가 됨으로 감정적인 면보다는 지적인 부분이 강조되어 설교가 건조해질 수 있는 소지가 있다.

넷째, 설교에서 "나는 ~"이라는 표현을 종종 사용함으로 '성언운반일념'의 문제를 야기시킬 수 있다.

다섯째, 학문적으로 쟁점이 되는 사안에 대해 일체 함구하는 면도 보이고 있다.

이러한 아쉬운 면이 있음에도 불구하고 하용조의 설교는 잔잔한 감동과 영적인 울림이 있으며 그의 삶을 통해 설교하는, 화육적인 설교의 모습은 모든 설교자에게 참으로 귀감이 되고 있다.

4. 나가는 말

한 사람이 이 세상에 태어나서 무의미하게 살아가는 많은 사람이 있는데 하용조는 한국교회의 역사에 큰 족적을 남겼다. 목회뿐만 아니라 순교 정신이 깃들인 설교, 그의 성육화된 설교 정신은 모든 설교자에게 귀감이 된다.

설교자의 삶은 대단히 분주하다. 그러나 목회와 삶에서 가장 우선순위에 두고 사역해야 할 가치는 분명히 설교임을 그는 보여 주었다. 설교 준비와 전달을 생명처럼 여기면서 영혼을 살리는 설교자가 된다면 주께서 칭찬하실 것이다. "나는 설교 때문에 삽니다"라는 어느 설교자의 말과 같이 화육적인 설교자가 되어야 설교의 생명은 살아날 수 있을 것이다.

제13장

곽선희 목사의 설교 세계
현대인에게 들리는 복음적 설교

곽선희(1933-)

1. 들어가는 말

한국 설교사에 한 획을 긋는 '설교의 귀재' 혹은 '설교의 달인'을 말한다면 남원(南園) 곽선희(郭善熙, 1933-)라는 이름을 올리지 않을 수 없다. 누가 무엇이라 해도 심방이나 교회행정 및 다채로운 행사가 아닌 오직 설교로 대형 교회 중의 하나인 소망교회를 이룩했기에 말이다. 명설교자인 곽선희의 설교 세계를 여행해 보자.

2. 곽선희 생애와 사역

곽선희는 1933년 황해도에서 태어나서 그곳에서 중학교를 졸업하고 부친이 공산당에게 총살을 당하자 1·4 후퇴 때 단신으로 월남했다. 군대에 들어가서는 통신병과에서 근무했다. 그 후 고학으로 단국대학교 영문과와 장로회신학대학을 마치고, 장학생으로 미국 프린스턴신학교에서 신학석사, 풀러신학교에서 선교학박사 학위를 취득했다. 서울 신당중앙교회에서 전도사로 사역을 시작하여 목회자로 설교가로 주목을 받기 시작했다. 곽선희를 장래성 있는 젊은 교역자로 눈여겨본 이기혁 목사는 은퇴하면서 후임으로 그를 발탁했다. 그래서 인천제일교회에서 14년간 행복하게 목회할 수 있었다. 당시 인천제일교회는 서울 영락교회 다음으로 가는 대교회였다.[1]

---

1 임윤택, 『소망교회 이야기』(서울: 베드로서원, 2001), 33.

서울 강남에 소망교회를 창립한 것은 1977년 10월이다. 당시 한경직 목사의 권유로 모 대학 학장을 맡고 있었는데 주일 시간이 자유로웠기에 교회 개척이 가능했다. 당시 현대 아파트가 압구정동에 세워지고 많은 사람이 압구정동으로 몰리던 때였다. 하나님의 특별한 섭리 가운데 압구정동 현대아파트에서 시작된 '압구정동 소망교회'는 그 후 눈부신 발전을 거듭하며 상가 2층으로 옮겨 갔다가 현재의 위치에 예배당을 건축하고 다시 중축하는 과정을 거치며 계속 성장했다. 특히 한경직 목사를 이어 군복음화위원회를 이끌며 군복음화에 새로운 장을 열고 있다.[2] 1977년 11명에서 시작하여 26년 만에 6만 명 성도로 성장이 되었다.

문성모는 『곽선희 목사에게 배우는 설교』에서 곽선희의 목회에 대해 더 구체적으로 다음과 같이 언급했다.

> 1960년 목사안수를 받고 곧바로 인천제일교회에서 목회하기 시작하여 1974년까지 14년간 장기 목회를 하였으며, 미국 풀러신학교에서 선교학박사 학위를 받기 위하여 3년의 목회 공백기를 가진 후 귀국하여 소망교회를 설립하고 26년간 목회하였다. 그는 은퇴까지 70년의 삶 중 40년을 목회하면서 단 2개의 교회를 섬긴 장기 목회자였으며 두 교회 모두 한국을 대표하는 최고의 교회로 성장시켰으니, 그를 최고의 목회자로 평가하는 데 누구도 주저함이 없을 것이다. 특히 소망교회를 11명의 성도로 시작하여 6만여 명의 교회로 성장시킨 것은 하나의 경

---

2 임윤택, 『소망교회 이야기』, 33-34.

이로움이다. 이를 기념하여 그의 모교인 프린스톤신학교와 풀러신학교, 장로회신학대학교는 그에게 장한 동문상을 수여하였다.[3]

곽선희는 2003년 10월에 은퇴하여 현재 소망교회 원로목사로, 분당에 있는 예수소망교회 설교(동사)목사로 사역을 하고 있으며, 은퇴 후에도 현역과 같이 국내외적으로 설교와 부흥회, 설교 세미나 등으로 분주한 사역을 건강하게 잘 감당하고 있다.

3. 곽선희의 설교 특징들

목회에는 여러 가지 기능이 있다. 전달의 기능을 비롯해서 목양의 기능, 행정의 기능이 있다. 그런데 설교 하나로만 목회가 가능할지에 대한 질문이 생긴다. 정인교는 곽선희와의 대담에서 다음과 같이 언급한다.

"나는 학교에 갈 기회도 있었지만 아예 목회하기로 작정했어요. 내 목회 40년을 돌아보면 나는 설교 이외에 한 것이 없어요. 그리고 목회라는 게 설교 하나만으로 가능해요"라고 말했다. 설교만으로도 교회성장이 가능하다는 것과 자신은 목회 사역의 핵심을 오직 설교에 두었다는 의미였다.[4]

---

3 문성모, 『곽선희 목사에게 배우는 설교』(서울: 두란노, 2008), 15.
4 정인교, 『설교자여 승부수를 던져라』(서울: 대한기독교서회, 2010), 49-50.

이는 설교 하나만으로도 교회가 성장할 수 있다는 사실을 자신이 증명한 것이다. 문성모는 곽선희의 설교 중심적 목회에 대해 다음과 같이 언급했다.

> 그의 목회에서는 소위 특별한 제목의 예배도 없고, 특별 프로그램도 없고, 특별 전도 운동도 없었다. 심지어 새로 나온 사람들을 위한 새신자 특별 프로그램이나 심방도 없었다. 이는 주일 오전 예배뿐만 아니라 저녁 예배나 수요 기도회와 새벽기도회를 망라하여 동일한 현상이었으며, 장년 예배뿐만 아니라 청년 예배와 주일학교에도 동일하게 적용되었다. 그럼에도 불구하고 부흥에 가속도가 붙어 초대형 교회를 이루었다. … 그 흔한 부흥회 한 번 없이 소망교회는 오로지 곽선희 목사 한 사람의 설교를 통하여 26년간 성장에 성장을 거듭하였다.[5]

설교 하나로 교회의 큰 부흥을 일으킨 곽선희 설교의 특징은 무엇인지 한가지 씩 살펴보자.

첫째, 다리 놓기로서의 설교이다.
영국의 유명한 설교자인 존 스토트는 설교의 정의에 대해 다음과 같이 언급했다.

---

5 문성모, 『곽선희 목사에게 배우는 설교』, 16.

> 설교란 다리 놓기이다. 참된 설교란 성경의 세계와 현실 세계 사이에서 다리를 놓은 작업이다. 그리고 그 다리는 두 세계 사이에 동등하게 접지되어야 한다. 모든 설교자는 이상(ideals)과 현실(reality) 사이에 상당한 긴장이 있다는 사실을 인지해야 한다.[6]

'다리 놓기'로서 본문과 상황을 가장 잘 연결시켜주는 한국교회의 대표적인 설교자는 곽선희이다. 그의 설교는 성경이 무엇을 말하는지에 대하여 철저한 주석이 있고, 세상이 어떻게 돌아가는지에 대하여 영화, 연극, 베스트셀러, 사회학적, 심리학적, 신학적인 해박한 지식을 총동원해서 설교를 맛있게 적용하고 전달하는 설교이다.

곽선희의 설교론은 "하나님의 말씀으로 하나님 말씀 되게 하는 것, 객관적인 말씀이 나에게 주관적인 말씀으로 적용되는 것"[7]이다. 곽선희 설교의 탁월함은 수천 년 전의 '그때 거기서'의 말씀인 성경 본문을, '지금 여기에' 그리고 나에게 해당되는 말씀으로 강력하게 적용하고 있다. 이러한 설교 철학 때문에 수많은 회중이 그의 설교에 매료되게 되는 중요한 이유이다.

둘째, 복음적 설교이다.

곽선희는 칼빈주의 전통을 가진 장로교 목사로서 복음에 대해 명료한 이해를 가지고 있다. 곽선희 설교의 가장 중요한 핵심 중의 하나는 그의 설교가 복음적 설교라는 사실이다. 그는 많은 설교자가 하는 율

---

6   John R. W. Stott, *Between Two Worlds: The Challenge of Preaching Today*, 10.
7   주승중, "곽선희 목사의 설교세계," 『한국교회 설교분석』, 193.

법적인 설교에 반하여 자신의 복음적 설교에 대해 다음과 같이 말한다.

> 복음적 설교란 십자가와 하나님의 사랑이다. 십자가로 보증하시는 하나님의 사랑이다. 고난을 당하나 그 고난이 하나님의 사랑 안에서 이루어지고 있기에 고난당하는 것도 유익하다. 형통한 사건도 하나님의 사랑으로부터 온 것이기에 너무 교만하거나 방종해서는 안 된다.[8]

그리고 곽선희는 복음적 설교의 필요성에 대해 강조한다.

> 복음을 설교하라 복음적인 설교자가 되라. 목회자 자신이 복음화 되어서 설교하라. 자신이 복음적인 설교를 하고 있지 않다는 것을 솔직히 인정하고 복음적인 설교를 배우라. … 복음이 있어야 교회생활이 즐겁고 행복합니다. 복음이 있어야 교회 나올 때마다 은혜 받아 나오지 말라고 해도 나올 수 있는 것입니다. … 여러분의 설교를 놓고 율법적이냐 복음적이냐를 물어보십시오. 85퍼센트가 율법입니다. 밤낮 '사랑하라, 사랑하라'라고 하는데 사랑할 마음이 생겨야 사랑을 하게 됩니다. 사랑해야 한다는 사실을 모르는 사람은 없습니다.[9]

곽선희는 본인의 복음적 설교의 효과에 대해 다음과 같이 언급했다.

---

8 문성모, 『33인에게 배우는 설교』, (서울: 두란노, 2012), 15.
9 문성모, 『33인에게 배우는 설교』, 22-23.

나는 다른 프로그램이나 (전도)운동에 기대어 목회를 하기보다는 설교로 승부를 걸었고, 이것이 적중하여 오늘의 소망교회를 이룰 수 있었다. 그 결과 설교가 복음적이면 교회는 틀림없이 부흥된다는 확신을 가지게 되었다.[10]

그래서 곽선희는 예수 그리스도의 모습이 가장 잘 나타나는 복음서에 대해 설교하기를 즐겼으며, 다른 설교자들에게도 복음서에 나타난 복음을 설교할 것을 주문한다.

셋째, 귀납법적인 설교이다.

전통적인 설교학에서는 대체로 서론의 비중을 1/10 정도로 할애하고 있다. 그러나 곽선희의 설교 서론은 일반적인 설교자와 사뭇 다르다. 긴 서론이 특징이다. 이러한 이유는 서론에서 회중들에게 공감과 이해와 동의를 얻기 위함이다. 그는 설교의 서론에서 설교의 승패가 난다고 생각한다.

이는 연역적인 설교에서는 찾아볼 수 없는 일로서, 발견의 논리인 귀납법적인 설교 방식이다. 그래서 어떤 경우는 '본문접맥식 설교'(Text-bezogene Themapredigt)[11]를 연상케 한다. 그래서 그의 주일설교는 긴 서론으로 시작해서 대지의 구분 없이 본론에 대해 한 주제를 가지고 설교한 후 급격히 결론을 내린다. 어떤 경우는 결론이 거의 없다. 또한, 열린 결론을 시도함으로 '새로운 설교학 운동'(The New Homiletic)에서

---

10 문성모, 『곽선희 목사에게 배우는 설교』, 12.
11 본문 접맥식 설교에 대하여는 조성현, 『설교 건축가』 (부산: 카리타스, 2016), 50-51을 보라.

사용하는 설교 기법을 사용한다.

곽선희의 설교는 전체적으로 자연스럽게 여울물같이 흘러가는 한 폭의 그림을 연상케 한다. "도리어 기쁨이 되리라"(요 16:16-24)라는 그의 설교에서 결론을 다음과 같이 맺는다.

> 여기에 믿음이 있습니다. 근심이 있으나 기쁨이 있고, 고통이 있으나 소망으로 충만합니다. 저 앞, 저 깊은 곳을 바라보면서 날마다 기쁨과 감격으로 살아가야 할 것입니다. 도리어 기쁨이 되리라, 이 기쁨을 빼앗을 자가 없느니라. 오늘도 말씀하십니다.[12]

그의 설교는 일반적인 설교자가 축복의 형식이나 본론을 다시 한번 상기시키고 반복하는 방식이 아니라, 열린 결론으로 회중으로 하여금 자신이 결단케 하는 우회적인 방법을 취해 설교를 미학적 경지로 고취시켰다.

넷째, 현대인에게 들리는 설교이다.

곽선희는 선천적으로 설교의 자질을 타고남과 동시에 피나는 노력으로 탁월한 설교자의 경지에 오른 설교자이다. 그의 설교는 "아름다운 계곡에 흐르는 여울물 소리요, 막히는 것도 없고, 걸리는 것도 없이 유유히 흘러내리는 개울물과 같은 신선미를 느끼게 하는"[13] 현대인들에게 스며드는 설교이다.

---

12 곽선희, 『자유의 종』 (서울: 계몽사, 1993), 264.
13 주승중, "곽선희 목사의 설교세계," 『한국교회 설교분석』, 201.

곽선희는 원고 내용과 함께 전달의 능력이 탁월하다. 특별히 마이크 사용법에 있어서 탁월하다. 그는 자신의 설교전달론에 대하여, "설교는 연출이다. 성경은 대본이고 원작자는 하나님이며 교인은 청중이다"라고 말했다.[14]

그의 설교 시 적절한 제스처, 고저강약의 분명함, 감성적 언어, 언어의 적절한 속도, 예화를 통한 유머, 적절한 휴지(pause) 등은 그의 설교를 예술의 경지로 승화시켰다. 스피치의 달인이라고 해도 과언은 아니다. 곽선희의 예화를 통한 유머는 현대인에게 들리는 설교를 하기에 조금도 부족하지 않다. 그의 설교 "오직 능력의 나라"(고전 4:14-21)에서 예화를 통한 유머를 살펴보자.

> 제가 언젠가 기독교 회관에서 들어서다가 옛 친구를 만났습니다. 반갑게 인사를 하는 중에 그 친구 가슴에 달린 금 십자가가 눈에 띄었습니다.
> "거참 십자가가 무척 크구먼, 어떻게 주님을 가슴에 달고 다니나?" 하고 웃으면서 "전에 연대 모 교수가 쓴 수필에서 가슴에 십자가가 클수록 사기성이 높다는 글을 보았네" 하고 농담을 했더니 그 친구는 얼른 금배지를 떼어서 주머니에 집어넣는 것이었습니다. 그래서 "그런 말 듣고 떼어서 주머니에 넣는 사람은 더 수상한데"라고 한 번 더 놀려 주었습니다.
> 그렇습니다. 가슴에 십자가를 달고 다니면서 전혀 부끄럼이 없는 삶을 살 수 있다면 얼마나 좋겠습니까?[15]

---

14 곽선희, "나의 설교를 말하다," 「그 말씀」 통권 26호(1994년 7월), 188.
15 곽선희, 『한 청년의 고민』 (서울: 엠마오, 1990), 167

곽선희는 설교를 즐기며, 설교 때문에 행복해하는 위대한 설교전달 자임에는 틀림없다.

그러나 곽선희 설교의 아쉬운 점들이 있다.

첫째, 설교가 종종 권위적으로 흐르는 경향이 있다. 회중을 야단치듯이 혹은 훈계하듯이 질책형 설교가 종종 행해진다.
둘째, 현대 설교학에서 언급되는 '열린 결론'을 시도함으로 설교의 세련됨은 있지만 연역적 구조에 익숙한 회중들의 적용력은 문제가 될 수 있다.
셋째, 심령골수를 쪼개는 강력한 회개와 예언적 설교보다는 현대인들이 듣기 편한 복음적 교양과 같은 설교로 차정식은 "복음과 교양이 만나는 방식"[16]으로서의 설교라는 평가도 있다.
넷째, 너무 많은 예화와 에피소드들로 인해 상대적으로 본문이 약하게 취급되는 면이 있다.

그럼에도 불구하고 곽선희는 한국 설교사에 한 획을 긋는 '설교의 귀재' 혹은 '설교의 천재'라 불리기에 조금도 손색이 없다. 설교 하나로 대형 교회 중의 하나인 소망교회를 이룩한 점은 절대로 과소평가할 수 없는 부분이다. 이는 한국교회의 자랑이기에 그의 설교 영향력은 앞으로도 계속될 것이다.

---

16 차정식, "곽선희 목사의 설교세계," 『한국교회 16인의 설교를 말한다』, 21.

4. 나가는 말

설교에서 가장 중요한 부분 중의 하나는 분명한 '복음'이 있어야 한다. 이런 부분은 모든 설교자에게서 깊이 숙고 되어야 하는 부분이다. 많은 설교가 율법과 도덕률에 경도되는 모습을 보게 된다면 복음적 설교의 가치가 얼마나 중요한지를 알게 된다.

복음적 해석, 복음적 설교, 복음적 설교자, 복음적 관점이 곽선희 설교에서 가장 핵심적인 부분이라 한다면 이는 모든 설교자가 갖추어야 할 부분임에는 틀림없다. 세상 매스컴을 통해서도 들을 수 없는 복음이 바로 설교 속에 녹아 있어야 함은 실로 모든 설교자의 숙제임에는 틀림없다.

제14장

이동원 목사의 설교 세계
본문에 충실한 강해설교

이동원 목사(1945-)

1. 들어가는 말

수년마다 한 번씩 목회자들을 대상으로 한국 최고의 설교자가 누구인지에 대한 앙케이트 조사를 실시한다. 결과를 보면 2위에서 5위까지는 조사할 때마다 매번 바뀌는데 1위 만큼은 항상 부동의 자리를 고수하는 설교자가 있다. '강해설교의 일인자,' '언어의 마술사,' '하늘이 내린 설교자' 등의 수식어가 붙은 이동원(李東原, 1945-)이다.[1] 모든 설교자가 본받고 싶어 하는 이 시대의 큰 바위 얼굴이며 명설교자인 이동원의 설교 세계를 여행해 보자.

2. 이동원의 생애와 사역

이동원은 해방 후인 1945년 12월 11일 수원에 있는 한 평범한 가정에서 부친 이방규 씨와 모친 이봉후 씨의 6남 1녀 중 장남으로 태어났다. 집안은 불교와 유교와 샤머니즘이 결합된 종교적 배경을 가진 가정에서 성탄절에만 교회를 나갈 정도의 비기독교적인 삶을 살았다. 그의 어린 시절은 고부간의 갈등과 부친의 술중독과 부친의 사업 실패로 인해 소심하고 소극적인 성격으로 독서가 거의 유일한 낙이었다. 서울 경복중학교에 입학했을 때 아버지의 실직과 파산으로 인해 고통의 시간을 보냈다. 심지어 수원 팔달산에 한 달 동안 굴을 파고 지낸 적

---

1 신성욱, 『이동원 목사의 설교세계』(서울: 두란노, 2014), 10, 18.

도 있었다. 중학생 때부터 가정교사를 하면서 소년 가장의 역할을 했고 폐결핵까지 겹쳤으나 서울대학교에 응시했다. 그러나 낙방을 한 후 재수하는 기간에 김장환 목사와 선교사들이 이끄는 모임에 출석하면서 1965년 9월 말경 갈라디아서 2:21 말씀을 통해서 주님을 영접했다. 그 후 YFC 간사로 헌신하면서 국내 신학대학에 호기심으로 입학시험을 치루었으나 폐쇄적인 근본주의 신학으로 인해 의욕을 상실했다. 미군의 카투사로 차출되어서 군 복무 기간 동안에 영어공부를 했다.[2]

1970년대 초에 미국으로 유학을 가게 되었는데 윌리엄틴데일대학(William Tyndale College)에 입학해서 우등생으로 졸업했고 '그 해의 설교자'로 선정되었다. 미국의 빌리센데이기념교회(Billy Sunday Memorial Tabernacle)에서 목사안수를 받았다. 김장환 목사가 YFC 사역을 도와달라는 부탁으로 귀국하여 결혼과 동시에 수원중앙침례교회 부목사와 한국 YFC 총무로 섬겼다. 산상교회 제1대 목사로 부임해 사역을 시작했고, 다음으로 서울침례교회에서 교회를 급성장(400명에서 2,000명으로) 시켰지만 전통교회의 구조적 모순을 발견하고, 미국 워싱턴에 있는 제일한인침례교회의 청빙을 받아 10년간(1983-1993) 목회하여 부흥(500명에서 2,000명으로)의 기쁨을 맛보았다. 동시에 사우스이스턴침례신학교(Southeastern Baptist Theological Seminary)에서 신학석사 학위를 마친 후에, 시카고에 있는 트리니티복음주의신학교(Trinity Evangelical Divinity School)에서 선교학박사 과정을 마치고 이민 교회 사역을 정리했다. 50세가 되기 전에 한국에서 목회를 하고 싶은 소원대로 1993년 겨울에 다시

---

2 신성욱, 『이동원 목사의 설교세계』, 23-26.

한국으로 돌아와서 지구촌교회를 개척하여 폭발적인 성장을 경험하여 8,000명의 장년이 모이는 대형 교회로 성장했다. 그는 65세에 조기 은퇴를 하고, 은퇴금 전액을 포기한 무소유 정신을 실천했다.[3]

지구촌교회의 성장 요인으로는 단연코 이동원의 설교 능력임을 여러 설문을 통해서 증거 된다. 그뿐만 아니라 그의 온유하고 겸손한 성품, 리더십, 비전 제시, 순전하고 정결한 삶으로 이어지는 설교적 삶의 본보기는 이동원을 위대한 설교자로 만들기에 충분했다.

3. 이동원의 설교 특징들

목회에서 설교는 목회의 '종합예술'이며 '목회의 꽃'이라고 해도 과언이 아니다. 이런 설교를 미학의 차원까지 승화시킨 설교자가 있다면 바로 이동원이다. 「목회와 신학」에서는 한국교회에서 가장 설교를 잘하는 설교자, 가장 본받고 싶은 설교자로 이동원을 꼽았다.[4] 이는 많은 목회자가 이동원을 한국교회 강단을 대표하는 설교자로 간주하는 데 별 이의가 없는 것 같다. 그의 설교 특징들을 살펴보자.

3 　신성욱, 『이동원 목사의 설교세계』, 27-33.
4 　「목회와 신학」에서는 2007년에 전국 목회자 578명을 대상으로 "누가 설교를 가장 잘한다고 생각하는가?"라는 질문에 18.3%, "가장 본받고 싶은 설교자는 누구인가?"라는 설문에 11.4%가 이동원 목사를 꼽았다. 정인교, 『설교자여 승부수를 던져라』, 221를 보라.

첫째, 성경 본문에 충실한 강해설교이다.

이동원 설교의 최대 강점은 어느 설교에서나 본문을 벗어나지 않는다는 점이다. 1970년대에 강력하게 불기 시작한 새로운 설교학 운동(The New Homiletic)의 강풍에도 여전히 빛을 잃지 않는 전통적인 설교(The Old Homiletic)의 유형은 강해설교이다.

이동원은 삼대지 주제설교에 집착해 있는 한국교회 설교자들에게 제대로 된 강해설교의 진수를 맛보게 한 장본인이다. 그의 설교는 '연속 강해설교'(continuous expository sermon) 혹은 '주제적 강해설교'(topical expository sermon) 등으로 불리는데 이동원의 설교는 젊은이로부터 노인 신자에 이르기까지 사랑을 받고 있다.

이동원이 강해설교를 올곧게 강조하는 가장 중요한 이유는 설교에서 설교자가 주인이 아니라 본문이 지배하는 설교를 주창했기 때문이다. 그의 저작인 『청중을 깨우는 강해설교』에서 그가 강해설교를 강조하는 이유에 대해 다음과 같이 언급했다.

> 강해설교는 그 자체의 방법으로 인하여 설교자가 자기주관에 빠지는 것을 예방해 준다. … 설교를 할 때 우리가 주관적인 요소에서 온전히 해방되기는 불가능하다. 그러나 설교자는 강해설교를 통해서 우리가 가지고 있는 주관성을 극소화시킬 수 있다. 강해설교라는 것은 그 방법 자체가 성경 본문과 씨름을 해서 그 본문의 중심사상을 강조하게 마련이기 때문에 설교자의 주관이 최소화되는 것이다.[5]

---

5   이동원, 『청중을 깨우는 강해설교』(서울: 요단출판사, 1991), 107.

또한, "하나님의 말씀을 하나님 말씀되게" 하는 성경적 설교가 강해설교이기에 이동원을 연속 강해설교[6]의 신봉자로 만들었다. 그의 강해설교는 대체로 서론에서 예화를 시작함으로 전체의 흐름에 대해 기대감과 호기심을 갖게 하면서, 곧이어 주제를 설명한다. 그 후 2-4개의 대지로 구분하여 본문에 대한 주해와 예화를 통하여 설교를 이끌어가다가 초청과 결단을 하는 기본 패턴을 지니고 있다.

둘째, 3박자가 잘 조화된 설교이다.

설교는 단순히 한 부분만 깊이 강조되어서 되는 것이 아니다. 아리스토텔레스는 효과적인 웅변과 설득을 위해서 세 가지의 중요한 요소를 언급했다. 즉 지적인 면(logos), 감성적인 면(pathos), 인격적이고 의지적인(ethos) 면이다. 이동원의 설교는 이 3박자가 잘 조화된 설교이다.

① 지성적인 부분으로 성경을 깊이 묵상하고 분석하며 주해하는 면이 탁월하다. 성경 본문을 다독하고, 원어를 분석하고, 타 번역본을 참고하고, 병행구를 대조하고, 본문에 대한 역사적 문화적 지리적 배경을 깊이 숙고한다. 바로 본문과의 깊이 있는 대화를 기초로 한 주간의 설교 준비를 질서 있게 체계화한 것이 그의 강해설교 특징이기도 하다.[7] 또한 본문을 더 잘 이해시키기 위한 그의 광범위한 독서 능력은 지성적인 부분을 더욱 강화시켰다.

---

6 이동원의 연속 강해설교는 'Be 시리즈'로 유명하다. 『이렇게 믿어라』(히 11장 강해), 『이렇게 행하라』(산상수훈 강해), 『이렇게 기도하라』(주기도문 강해), 『이렇게 성숙하라』(야고보서 강해)외 다수의 연속 강해설교 시리즈가 있다.
7 한주간의 설교 준비 과정 10단계는 다음과 같다. 1. 본문과의 대화(문맥파악-본문청취-창조적 아이디어 포착), 2. 중심사상 파악과 제목 결정, 3. 개요 확정, 4. 석의, 5. 대략의 정리(rough draft), 6. 서론 및 결론 작성, 7. 예화 삽입, 8. 완전 원고화, 9. 낭독 및 수정, 10. 기도(성령의 임재). 정인교, 『설교자여 승부수를 던져라』, 227을 보라.

② 감성적인 부분이다. 설교가 너무 지성적인 부분만을 강조하면 무료해지고 딱딱함을 자아내기에 현대 설교는 감성적 터치가 어느 때보다 중요하다. 이에 이동원의 설교는 언제나 강력한 흡인력을 지니고 있다. 이는 설교의 현장에서만 느낄 수 있는 독특함이다. 그의 설교에서 차별화된 예화와 재미있는 언어유희(word play), 포복절도(抱腹絶倒)시키는 유머를 통해서 더욱 회중을 감성적으로 터치하고 있다.

③ 회중의 삶에서 변화를 이끌어내는 초청과 의지적 결단이다. 이 부분이 설교의 종착점이기에 매우 중요하다. 그런데 이동원의 설교는 침례교 특유의 방식인 '초청과 결단'을 잘 활용하여 설교의 아름다운 착지를 유도한다. 그의 설교집인 『이렇게 사랑하라』에서 "사랑의 특성"(고전 13:4)을 설교하면서 마지막에 회중의 결단을 다음과 같이 유도한다.

> 우리가 우리 모두의 마음속 뿌리 깊은 곳에 존재한 교만의 영성을 극복하고 겸허하게 이웃 앞에 설 수 있는 처방은 십자가입니다.
> 십자가로 가까이, 더 가까이 나아오십시오.
> 거기 당신의 모든 추한 죄를 짊어지고 몸부림치며 신음하며 피 흘리시는 하나님의 아들을 보십시오.
> 당신을 죄에서 해방시키고, 참자유와 사랑의 자녀로 삼으시려고, 하나님의 자리에서 내려와 죄인으로 매달려 고통 받은 그분을 바라보십시오.[8]

---

8 이동원, 『이렇게 사랑하라』 (서울: 나침반출판사, 1991), 58.

이동원의 설교는 지(知), 정(情), 의(意)라는 삼박자의 균형을 잘 갖춘 아름다운 설교의 모습으로 자리매김하고 있다.

셋째, 탁월한 언어적 커뮤니케이션이 있는 설교이다.

설교란 하늘의 소리인 하나님의 말씀을 땅의 언어로 선포해야 한다. 그래서 설교자를 하늘과 땅을 잇는 다리 놓는 사람이라는 시각에서 본다면 이동원의 설교는 언어적 커뮤니케이션의 관점에서 탁월하다.

이동원이 강단에서 선포하는 구어체 설교는 책으로 출판을 해도 손색이 없을 정도의 탁월한 언어 구사력을 지니고 있다. 정확하고 명확한 발음, 청아한 목소리, 회중이 쉽게 이해할 수 있는 문장, 설교 전체의 논리성 등은 언어의 황금술사라 해도 지나치지 않을 것이다. 또한, 번뜩이고 영감이 넘치는 예화는 그의 엄청난 독서량을 간접적으로 시사하고 있다. 이동원은 자기의 독서에 대해 다음과 같이 언급했다.

> 책보다 더 좋은 멘토가 있을까요?
>
> 커피 마시면서 책을 읽는 시간보다 더 즐거운 순간은 없습니다. 25세에 전도사로 처음 목회를 시작한 이후 40년 동안 변하지 않는 습관 하나는 매주 한 차례씩 서점에 가서 책을 둘러보는 일이다. 해외여행을 할 때에도 일반 서점과 함께 신학교 서점을 반드시 찾는다. 책을 볼 때는 언제나 행복했다. 은퇴 이후에 대한 걱정이 없다. 책을 읽으면서 얼마든지 행복하게 보낼 수 있기 때문이다. 20명 목회하던 시절에도 책을 읽으면서 행복했다. 수만 명의 성도가 있는 교회를 담임하는 지금도 책을 읽으면 행복감을 느낀다.[9]

9　최종학, "나의 서재," 「국민일보」 2010년 5월 7일.

이러한 독서를 통하여 그는 다른 설교자가 사용해 본 적이 없는 신선하고 감칠맛 나는 예화를 생산해 낸다. 이것이 그의 탁월함이다. 그리고 그 예화를 본문에서 적절하게 사용하는 타이밍도 천재적이다. 그의 설교집인 『당신은 안녕하십니까』에서 평안에 대한 그의 예화이다.

> 여호수아 리프맨이라는 소설가가 있습니다. 이 사람이 쓴 책인 『마음의 평안』(peace of mind)라는 베스트셀러가 있습니다. 이 책에 젊은 주인공이 어떤 노인을 찾아가서 자기의 소원을 말합니다.
> "그대가 원하는 것은 무엇인가?"
> 이 젊은이가 말합니다.
> "첫째는 건강이고, 둘째는 재물이며, 셋째는 미모이며, 넷째는 재능이고, 다섯째는 권력이고, 여섯째는 명예입니다."
> 이 소원을 말하는 청년을 지긋이 지켜보면서 이 노인이 이렇게 말합니다.
> "청년, 그러나 평안이 없이는 아무것도 즐길 수 없다네."
> 평안은 삶의 가장 본질적인 축복입니다.[10]

이동원의 창의적 예화는 그의 여타 설교집에서 어렵지 않게 찾아볼 수 있다. 다른 훌륭한 설교자들조차 설교를 빛나게 하는 유머의 부족을 종종 느끼므로 설교가 매우 건조한 분위기로 흐르는 경우들이 많다. 그러나 이동원의 촌철살인(寸鐵殺人)의 유머의 기술은 상당히 노력한 흔적이 있다. 예를 들어 "진리만 말하면 질린다"고 표현하면서, 설교

---

[10] 이동원, 『당신은 안녕하십니까?』 (서울: 나침반출판사, 1989), 218.

유머의 원칙인 동음이어(同音異語)를 잘 살리면서 설교의 분위기를 유쾌하게 만드는 천재적 기술을 지니고 있다.

결론적으로 이동원의 발음, 문장력, 예화 사용, 유머 등의 모든 것은 그의 언어적 커뮤니케이션이 탁월함을 보여 주는 진수이다.

그러나 이동원 설교의 아쉬운 점들이 있다. 종종 웅변조로 설교가 진행될 경우가 있으며, 천편일률적으로 연역적 구조를 주로 취하면서 주로 삼대지로 구성되기에, 강해설교이면서도 '삼대지 주제설교'와 같은 이미지를 갖는다. 이는 현대 설교학이 다양한 설교 형태를 가지고 있는 데 비하여, 그의 설교는 다소 틀에 박힌 획일적 형태라는 느낌을 갖는다.

또한, 제스처가 다양하지를 못하며 영성보다는 지성이 더 부각된 느낌을 갖는다. 특히 설교에서 개인구원만 강조되고, 예언자적 설교[11]나 설교의 공공성을 간과하고 있는 것은 모범적인 설교자의 위치에 있는 자로서 설교의 균형 면에서 옥의 티와 같다.

그럼에도 불구하고 많은 목회자가 이동원을 한국교회의 대표적인 최고의 설교자 중의 한 분으로 선택하는 배경에는 그 설교의 탁월성이 검증되었다는 증거이다.

---

11 정장복은 한국교회 설교자들의 10가지 위기적 요소 중에서 중요한 것은 "예언자적 선포가 수반되지 못하는 지극히 안일적이고 도피적인 설교들이 많다"고 지적하였다. 그 밖의 위기적 요소로 본문을 떠난 설교, 말씀의 현장화 부족, 물량주의와 기복주의 중심 설교, 설교와 설교자의 삶의 괴리, 회중의 기호에 끌려가는 설교, 신학이 없는 설교, 목회적 수단의 방편이 된 설교, 설교의 이론과 실제 교육의 부족, 자신의 설교에 대한 지나친 과신 등으로 분석했다. 정장복, 『설교 사역론』(서울: 대한기독교서회, 1992), 78-79를 보라.

4. 나가는 말

　세상에서 분주하게 살다가 주일날 예배에 참석하는 회중은 객관적인 하나님의 말씀이 나에게 말씀하시는 살아 있는 하나님의 말씀으로 듣기를 원한다. 너무나 세속화된 세상에서 살다가 주일날 듣고 싶은 것은 설교자의 신변잡기나 설교자의 푸념이 아닐 것이다. 설교자를 통해서 들려주시는 본문의 말씀이 나의 상황에 적용되는 '하나님의 말씀'이기를 원한다.

　강해설교는 전통적인 설교학의 한 유형이지만 과거에도 현재에도 앞으로도 빛날 것이다. 왜냐하면, 설교가 성언운반일념(聖言運搬一念)의 정신을 벗어나지 말아야 함을 설교자는 주지해야 하기 때문이다. 앞으로 제2, 제3의 이동원이 나와서 한국 강단을 살아 있는 말씀으로 수놓기를 소망한다.

참고 문헌

곽안련. 『설교학』. 서울: 기독교서회, 1990.
곽선희. 『한 청년의 고민』. 서울: 엠마오, 1990.
_____. 『자유의 종』. 서울: 계몽사, 1993.
길선주. 『한국 신앙 저작집: 강대보감 및 다니엘서 사경안』. 서울: 혜문사, 1969.
김건호 편. 『역대 총회장 설교』 중권. 서울: 예장총회종교교육부, 1955.
기독교대백과사전 편찬위원회. 『기독교 대백과 사전』 제3권. 서울: 기독교문사, 1981.
_____. 『기독교 대백과사전』 제9권. 서울: 기독교문사, 1983.
김광수. 『한국 기독교 인물사』. 서울: 기독교문사, 1981.
김린서. 『주기철 목사의 순교사와 설교집』. 서울: 대한기독교서회, 1959.
_____. 『한국교회 순교사와 그 설교집』. 부산: 신앙생활사, 1962.
_____. 『김화식 목사 설교집』 제1집. 서울: 기독교문사, 1974.
김병희 편저. 『한경직 목사』. 서울: 규장문화사, 1982.
김수진. 『아름다운 빈손 한경직』. 서울: 홍성사, 2000.
김수천. 『이용도 목사의 삶과 영성』. 서울: KMC, 2015.
김운용. 『한국교회 설교 역사』. 서울: 새물결플러스, 2018.
김인수. 『한국기독교회사』. 서울: 한국장로교출판사, 1994.
_____. 『간추린 한국교회의 역사』. 서울: 한국장로교출판사, 1998.
김창영. 『교회용어사전』. 서울: 생명의말씀사, 2013.
김충남. 『순교자 주기철 목사의 생애』. 서울: 드림북, 2015.
대한예수교장로회 영락교회. 『영락교회 50년사:1945-1995』. 서울: 영락교회, 1998.
목회와 신학 편집부. 『한국교회 설교분석』. 서울: 두란노아카데미, 2009.
문성모. 『곽선희 목사에게 배우는 설교』. 서울: 두란노, 2008.

_____.『33인에게 배우는 설교』. 서울: 두란노, 2012.
민경배.『한국 기독교회사』. 서울: 대한기독교회사, 1987.
박명수 외.『한국교회 설교가 연구』. 1권 서울: 한국교회사학연구원, 2000.
박용규.『한국기독교회사 1(1784-1910)』. 서울: 생명의말씀사, 2004.
변종호.『이용도 목사전』. 서울: 심우원, 1958.
변종호 편.『이용도 목사 전집 제3권 저술집』. 서울: 장안문화, 2004.
_____.『이용도 목사 전집 제1권 서간집』. 서울: 장안문화, 2004.
신성욱.『이동원 목사의 설교세계』. 서울: 두란노, 2014.
안용준 편.『산돌 손양원 목사 설교집』. (상) 서울: 신망애사, 1969.
옥한흠.『고통에는 뜻이 있다』. 서울: 두란노서원, 1988.
_____.『전쟁을 모르는 세대를 위하여』. 서울: 국제제자훈련원, 2003.
_____.『이것이 목회의 본질이다』. 서울: 국제제자훈련원, 2004.
_____.『시험이 없는 신앙생활은 없다』. 서울: 국제제자훈련원, 2014.
유경재 외.『한국교회 16인의 설교를 말한다』. 서울: 대한기독교서회, 2005.
유동식.『한국 신학의 광맥』. 서울: 전망사, 1982.
이광일 편.『손양원 목사 설교집 3: 성도의 생활』. 여수: 손양원목사순교자기념사업회, 1995.
이동원.『당신은 안녕하십니까?』. 서울: 나침반출판사, 1989.
_____.『청중을 깨우는 강해설교』. 서울: 요단출판사, 1991.
_____.『이렇게 사랑하라』. 서울: 나침반출판사, 1991.
이상규.『해방 전후 한국장로교의 역사와 신학』. 서울: 한국기독교역사연구소, 2015.
이성봉.『부흥의 비결』. 서울: 생명의말씀사, 1993.
_____.『천로역정 강화 · 명심도 강화 · 요나서 강화』. 서울: 생명의말씀사, 1993.
이성호.『한국 신앙 저작집: 길선주목사 설교 및 약전집』. 서울: 혜문사, 1969.
이영헌.『한국 기독교회사』. 서울: 컨콜디아사, 1991.
이영헌 편.『한경직 예화』. 3권 서울: 규장문화사, 1989.

이형근. 『한국교회 순교자』. 서울: 한국기독교순교자 유족회, 1992.
임윤택. 『소망교회 이야기』. 서울 베드로서원, 2001.
정성구. 『한국교회 설교사』. 서울: 총신대학출판부, 1991.
정인교. 『이성봉 목사의 생애와 설교: 그의 부흥 설교에 대한 설교학적 분석』. 서울: 성결신학연구소, 1998.
_____. 『설교자여 승부수를 던져라』. 서울: 대한기독교서회, 2010.
정인교 편. 『말로 못하면 죽음으로: 이성봉 부흥설교의 진수』. 서울: 한들출판사, 2001.
정장복. 『설교 사역론』. 서울: 대한기독교서회, 1992.
정장복 외. 『설교학 사전』. 서울: 예배와설교아카데미, 2004.
조성현. 『설교 건축가』. 부산: 카리타스, 2016.
_____. 『성경적 설교』. 서울: CLC, 2016.
_____. 『설교로 보는 종교개혁』. 서울: CLC, 2017.
조용기. 『나는 이렇게 설교한다』. 서울: 서울서적, 1989.
_____. 『삼박자 구원』. 서울: 서울서적, 1989.
_____. 『조용기 목사 설교전집』. 1집 서울: 서울말씀사, 1996.
_____. 『조용기 목사 설교전집』. 2집 서울: 서울말씀사, 1996.
주도홍. 『교회사 속의 설교자들』. 서울: CLC, 2017.
최인화 편. 『길선주 목사 설교집』. 경성: 경성주교출판사, 1916.
최정원. 『한국을 바꾼 위대한 그리스도인 16인』. 서울: 쿰란출판사, 2016.
하용조. 『창세기 강해집: 다시는 야곱이라 부르지 말라』. 4권 서울: 두란노, 2001.
_____. 『사도행전적 교회를 꿈꾼다』. 서울: 두란노, 2007.
한경직. 『한경직 목사 설교전집』 1권. 서울: 한경직목사기념사업회, 2009.
_____. 『한경직 목사 설교전집』 2권. 서울: 한경직목사기념사업회, 2009.
_____. 『한경직 목사의 시사설교 모음집』. 서울: 두란노, 2010.
_____. 『한경직 구술 자서전 나의 감사』. 서울: 두란노, 2013.
한국교회사학연구원. 『하용조 목사의 설교와 신학』. 서울: 두란노서원, 2006.
한영제 편. 『한국기독교 인물 100년』. 서울: 기독교문사, 1996.

_____. 『복음선교 120년, 신앙위인 120명: 인물로 보는 한국교회사』. 서울: 한국기독교역사박물관, 2006.

한춘근. 『새롭게 하소서: 순교자 김익두 목사의 일생』. 서울: 목회자료사, 1987.

_____. 『죽지 않는 순교자 김익두』. 서울: 성서신학서원, 1993.

Baumann, J. Daniel. *An Introduction to Contemporary Preaching.* Grand Rapids, MI: Baker Book House, 1972.

Brooks, Phillips. *Lecture on Preaching.* Grand Rapids, MI: Baker Book House, 1877.

Chapell, Bryan. *Christ-centered preaching: Redeeming the Expository Sermon.* 2nd ed. Grand Rapids, MI: Baker Academic, 2005.

Cho, SungHyun. "Toward A Model of Pastoral Preaching in Jeju Island Churches of Korea With Particular Reference to Their Cultural Context." D.Min. diss., San Francisco Theological Seminary, 2008.

Chung, Changbok. *Preaching For Preachers.* Seoul: Worship & Preaching Academy, 1999.

Dargan, Edwin C. *A History of Preaching* Vol. Ⅰ. Grand Rapids, MI: Baker Book House, 1974.

Demaray, Donald. *Pulpit Giants.* 나용화 역, 『강단의 거성들』. 서울: 생명의말씀사, 1976.

Edwards, O. C. Jr. *A History of Preaching.* Nashville, TN: Abingdon Press, 2004.

Fenwick, Malcolm C. *Church of Christ in Corea.* Seoul: Baptist Publications, 1967.

Forsyth, Peter T. *Positive Preaching and the Modern Mind.* Ann Arbor, MI: Baker Book House, 1980.

Heisler, Greg. *Spirit-led Preaching: The Holy Spirit's Role in Sermon Preparation and Delivery.* Nashville, TN: B &H Publishing Group, 2007.

Hiltner, Seward. *Preface to Pastoral Theology.* Nashville, TN: Abingdon Press, 1954.

Kay, Chi Young. "A Study of Contemporary Protestant Preaching in Korean: Its Exegesis, Hermeneutics, and Theology." Ph.D. diss., School of Theology at Claremont, 1990.

Kim, Unyong, "Faith Comes From Hearing: A Critical Evaluation of the Homiletical Paradigm Shift through the Homilectical Theories of Fred B. Craddock, Eugene L. Lowry, and Daivd Buttrick, and its Application to the Korean Church." Ph.D. diss., Union Theological Seminary and Presbyterian School of Christian Education, 1999.

Lloyd-Jones, Martyn. *Preaching and Preachers*. Grand Rapids, MI: Zondervan Publishing House, 1971.

Long, Thomas G. *The Witness of Preaching* 2nd ed. Louisville, KY: Westminster/JohnKnox Press, 2005.

Parker, T. H. L. *The Oracles of God: An Introduction to the Preaching of John Calvin*. Cambridge: James Clarke & Co. 2002.

Stott, John. *Between Two World: The Challenge of Preaching Today*. Grand Rapids, MI: William B. Eerdans Publishing Company, 1982.

Wilson, Paul Scott. *Imagination of the Heart: New Understandings in Preaching*. Nashville, TN: Abingdon Press, 1988.